버킷리스트 12

이 책을 소중한

_____님에게 선물합니다.

_____ 드림

· 운명을 바꾸는 종이 위의 기적 ·

버킷리스트 12

기획 · **김태광**

김태광 김민아 유세미 윤영숙 류한윤
하주연 김혜경 장성오 허윤숙 김용일

시너지북

잠재의식 속에
숨겨진 꿈을 찾아라!

사람들은 모두 꿈을 갖고 있다. 꿈이란 그리 대단한 것이 아니다. 자신이 하고 싶은 것, 되고 싶은 것, 갖고 싶은 것, 가 보고 싶은 곳 등 무엇이든 스스로가 생각하고 동경하는 것이 바로 꿈이다.

하지만 많은 이들이 꿈을 잊은 채 살아가고 있다. 꿈이란 것은 자발적으로 우리에게 다가오지 않는다. 내가 꿈을 찾고 이루고자 할 때 꿈도 나에게 오기 위해 움직이기 시작한다. 아침이든 저녁이든 시간을 내어 마음속의 자신과 만나 보자. 마음속의 자신과 대화를 하다 보면 스스로가 무엇이 되고 싶은지, 무엇을 갖고 싶은지 알게 된다. 그것을 노트에 적어 보자. 종이 위에 쓰는 순간 기적은 일어나게 되어 있다.

이 책은 여러 작가들의 꿈을 이야기하고 있다. 많은 꿈들 중에서 5가지로 압축한 만큼 절실히 원하는 것들이다. 그들이 이루고 싶은 최고의 버킷리스트인 것이다. 그렇기에 더욱 여기에 적힌 이야기들은 반드시 이뤄질 것이다.

이 책을 읽으며 다른 사람들의 생각과 꿈을 들여다보고 자신의 꿈을 찾아보았으면 한다. 꿈이 없는 사람은 없다. 어쩌면 꿈을 찾아서 돌봐 주지 않아 꿈이 외로운 상태이리라. 더 이상 꿈을 외롭게 하지 말자. 꿈을 찾고 그 꿈을 만나러 가는 여행을 지금이라도 시작하면 어떨까.

자신만의 버킷리스트를 만들어 보자. 그리고 자주 그것을 보고 떠올려 보자. 잠재의식이 잊어버리지 않도록 말이다. 잠재의식 속에 계속 새겨 두면 현실로 나타나게 된다. 이 책을 통해 잊고 있던 자신의 꿈도 찾고 그 꿈을 이뤄 가기를 희망한다.

2017년 10월
류한윤

CONTENTS | 차 례

인생을 바꾸고 싶다면
한 권의 책을 써라

· 김 태 광 ·

김태광

〈한책협〉 대표이사, 대한민국 대표 책 쓰기 코치, 초·중·고등학교 16권의 교과서에 글 수록, 제1회 대한민국 기록문화대상, 대한민국 신창조인대상, 도전한국인대상 수상

저술과 강연을 통해 수백 명을 작가와 강연가, 코치, 컨설턴트로 만들었으며, 지금까지 200여 권의 책을 집필했다. 2011년 제1회 '대한민국기록문화대상' 최고기록부문 '책과 잡지분야'를 수상했고, 2012년 '대한민국 신창조인 대상', 2013년 '도전한국인 대상'을 수상했다. 현재 네이버 카페 〈한국 책쓰기 성공학 코칭협회〉를 운영하고 있다.

E-mail vision_bada@naver.com

인생을 바꾸고 싶다면
한 권의 책을 써라

"직장 다니는 지금, 자신의 이름으로 된 책을 쓰세요!"

"책은 석사, 박사 학위 100개보다 더 위대합니다!"

"성공해서 책을 쓰는 것이 아니라 책을 써야 성공합니다!"

나는 입이 닳도록 사람들에게 책을 쓰라고 말한다. 책을 써서 인생을 바꾼 나는 누구보다 책 쓰기의 위대한 힘에 대해 잘 알고 있다. 그래서 책 쓰기 전도사가 되어 입버릇처럼 책을 써야 한다고 강조하는 것이다. 요즘은 자신을 알려야 살아남는 자기 PR시대다. 브랜딩되지 않는 개인과 회사는 사장되고 만다.

나는 돈 한 푼 들지 않고 나를 홍보하고 마케팅할 수 있는 수

단으로 책 쓰기를 꼽고 싶다. 창업을 하더라도 적게는 수억 원의 비용이 든다. 홍보비용, 마케팅비용은 별도다. 신문 5단 광고비용만도 보통 150만 원에서 수천만 원이 든다. 여기에다 신문에 전단지 삽입하고 현수막 내걸고 오픈 이벤트까지 하면 수천만 원 깨지는 것은 예사다. 그렇게 많은 액수를 쏟아 부어도 성공을 장담할 수 없다.

그렇다면 책을 쓰면 어떨까? 책은 돈 한 푼 들이지 않고서 결과를 낼 수 있는 수단이다. 실행력, 노력과 시간만 투자하면 된다. 자신에게 맞는 주제를 정하고 목차를 만든 뒤 딱 1~2개월만 몰입해서 원고를 쓰면 된다. 원고를 쓰면서 머릿속에 든 생각들이 정리가 될 뿐 아니라 아이디어와 영감이 새록새록 떠오르게 된다. 책을 쓰면 인생이 나아지고 달라지는 이유다.

책은 대학이나 대학원 졸업장보다 100배 낫다. 요즘 주위를 둘러보면 힘든 취업난에 스펙을 하나라도 더 쌓기 위해 고군분투하는 모습을 많이 볼 수 있다. 청춘들이 대학에 가는 가장 큰 이유도 이력서를 한 줄이라도 더 쓰기 위해서다. 일 년에 1,000만 원이 넘는 등록금을 내며 대학교와 대학원에 진학하면서도 취업이 되지 않아 고통스러워한다. 나는 이런 모습을 보면 너무나 안타깝다. 만약 그들이 스펙을 쌓는 시간에 차라리 책을 썼다면 어땠을까, 하는 생각이 든다.

다음은 책을 쓰기 위해 〈한국 책쓰기 성공학 코칭협회(이하 한책협)〉을 찾아오는 사람들이 가장 많이 묻는 질문이다.

"책을 쓰게 되면 어떤 좋은 점이 있나요? 책 한 권 쓴다고 해서 제 인생이 달라질 수 있을까요?"

"저처럼 많은 경험도 없는 사람도 책 쓰기가 가능할까요?"

"제가 쓴 원고를 정말 출판사에서 받아 주고 출간해 줄까요?"

나는 이렇게 자신 있게 답한다.

"충분히 달라질 수 있습니다. 자비출판이 아닌 저처럼 상업출판, 기획출판으로 책을 내시게 되면 출판사에서 책 제작뿐 아니라 홍보, 마케팅까지 책임집니다. 그리고 언론에 저서와 보도자료를 보내기 때문에 자연스레 일간지 문화면뿐 아니라 온라인 신문에도 홍보 및 마케팅이 됩니다. 그리하여 다양한 기업과 기관, 단체 등으로부터 칼럼 기고와 강연 요청 등이 들어오게 되는 것입니다."

"책을 쓰게 되면 무엇보다 자신의 의식 수준이 달라집니다. 마인드가 달라진다는 것이지요. 지금껏 평범했던 직장인의 마인드를 지녔다면 저서 출간 후에는 스스로 '작가', '1인 기업가'의 마인드를 가지게 되어 결과적으로 인생이 달라집니다."

베스트셀러 《기획 천재가 된 홍대리》의 저자 하우석 교수 역시 책을 써서 인생을 바꾼 케이스에 속한다. 책 쓰기를 통해 그의 인생이 어떻게 달라졌을까? 인터넷 신문 〈브레이크뉴스〉의 조영관 박사와의 인터뷰에서 그는 이렇게 말했다.

"책을 쓰는 것은 저에게 큰 도전이었고, 또 동시에 환희였습니다. 이름이 박힌 책을 가졌다는 것만으로도 그렇지만, 그 무엇보다 큰 기쁨은 독자와의 교감에 있었습니다. 제 생각을 독자와 나눌 수 있다는 것은 막연한 기대 이상으로 벅찬 감동을 주었습니다. 더불어, 책이 인연이 되어 수많은 사람들과 강연장에서 만날 수 있었습니다. 전국에서 강의 요청이 쇄도했죠. 강연 일정만 따로 적는 스케줄 노트를 마련해야 할 정도였으니까요."

책 출간 후 그에게 강연 요청이 셀 수 없을 정도로 쇄도했다. 강연 요청이 얼마나 많았으면 강연 스케줄 노트까지 마련했다고 한다. 책 쓰기는 인생을 깜짝 놀랄 정도로 변화시킨다. 현재 많은 이들이 책을 쓰고 있는 이유다. 책 쓰기는 인생을 바꾸는 자기혁명이다.

이 책을 읽고 있는 당신도 자신의 이름으로 된 책을 쓸 수 있다. 그 책을 펴내어 인생을 바꿀 수 있다. 책 출간 후 가족과 지인들과 사람들에게 "성공했다!", "대단하다!" 등의 칭찬과 인정을 받는다는 것은 생각만으로도 굉장한 일이다. 책 출간 후 가장 큰 의미는 전문가로 인정받을 뿐 아니라 코칭과 강연, 컨설팅의 기회가 온다는 것이다. 이는 곧 수익창출을 의미한다. 그래서 나는 당당하게 사람들에게 외친다.

"책 쓰기는 운명을 바꾸는 자기혁명이다. 눈부신 인생을 만들기 위해선 반드시 책 쓰는 자기혁명가가 되어야 한다. 책을 쓰게 되면 먼저 나부터 변화되고, 가족과 주변 사람들마저 변화된다. 자연히 세상이 달라지고 나의 운명이 달라진다. 지금 당장 책 쓰기에 도전해 보라!"

PART 1

내 이름을 건
학교 만들기

· 김민아 ·

김민아

초등학교 교사, 자기계발 작가

10년간 아이들과 함께 꿈꾸고 생각하며 살아온 초등교사다. 아이들 하나하나의 잠재력과 가능성을 믿고 희망을 줄 수 있는 교사가 되기 위해 노력하고 있다. 지식과 경험의 전달자가 아닌, 함께 배우고 고민하며 서로에게 좋은 에너지를 주고받을 수 있는 교사가 되길 꿈꾼다.

E-mail happydream1103@naver.com

01
혼자
배낭여행하기

　스물아홉, 다른 사람들에겐 어떤 시기였을까? 나에게는 힘든 시기였다. 서른을 앞두고 불안한 마음과 막연한 미래에 대한 걱정이 나를 둘러싸고 있었다.

　나는 대학을 졸업하자마자 임용고시에 합격하고 바로 교사생활을 시작해서 나름대로 안정적이었다. 하지만 누구나 겪는 서른 즈음의 방황은 나에게도 어김없이 찾아왔다.

　지금 생각하면 젊고 에너지가 넘쳐야 할 시기인데 왜 그랬을까 싶지만 그때는 내 나름대로 고민이 많아서 힘들었다. 직장생활을 5년 동안 한 상황에서 내가 이뤄 놓은 것은 무엇일까 생각하니 딱히 뭔가를 이루지 못한 것 같아 후회스럽기도 했다. 주변에서 하나둘 결혼하는 친구들과 동기들을 보며 불안한 마음이 들기도 했다. 당시 고시 공부를 하던 남자 친구가 올해는 붙겠지 하는 기대를 가지고 있었는데 떨어져서 더욱 심란했다. 또 뭐든 혼자서 제대로 하지 못하고 다른 사람에게 의존하는 내 모습이 불만스럽기도 했다. 모든 것이 복합적이었다.

변화가 필요했다. 그래서 생각한 것이 여행이었다. 이번에는 누구와 같이 가지 않고 나 혼자 생각할 시간을 갖고 싶었다. 마침 주변에 혼자 여행을 다니는 선배 언니가 있어서 전화로 여러 가지를 물어보고 결심했다.

"그래, 이번에는 혼자 가 보자!"

나는 급히 비행기 표를 검색했다. 혼자 가는 여행은 처음이라 멀리 가기는 부담스러워 가까운 동남아를 알아보았다. 겨울이었기 때문에 동남아 쪽 비행기 표는 성수기답게 매진이었다. 검색을 열심히 하던 중 누가 취소를 했는지 마침 5일 뒤 예약 가능한 태국행 비행기 표가 나왔다. 바로 예약하며 "운명이다. 드디어 간다!"를 외쳤다.

서점에 가서 태국여행 책을 한 권 구입했지만 꼼꼼하지 못한 성격 탓에 잘 읽히지 않았다. 나는 미리 뭔가를 계획하고 준비하고 그에 맞춰 실행하기보다는 즉흥적이고 감정에 이끌려 상황에 맞게 움직이는 것을 좋아한다. 혼자서 사전 준비 없이 가는 첫 여행이라서 걱정도 많이 되었지만 나 혼자 뭔가를 해낼 수 있을 거라는 기대와 설렘이 더 크게 다가왔다.

수완나품 공항은 태국의 상징인 코끼리와 특유의 향이 느껴져 도착하자마자 외국에 왔다는 것이 실감이 났다. 여행 책에 나온 대로 공항 출구로 나와 버스를 타고 전 세계 여행자들이 모인다는 '카오산로드'로 향했다. 카오산로드에 내려 지도 한 장 들고 한국인이 운영하는 업소를 찾으러 돌아다녔다. 카오산로드는 워낙 배낭여행자들이 많이 모이는 곳이라 그런지 다른 나라 사람들이 자국 여행객들을 대상으로 숙소도 연결해 주고 일일투어 프로그램을 운영하며 여행을 돕기도 한다.

나는 지도를 보고 길을 찾아다닌 적이 없어 많이 헤맸다. 거기다 큰 개들이 길바닥에 누워 있기도 하고 어슬렁거리며 다니고 있어 불안하고 무서웠다. 괜히 왔다는 생각도 들었다. 내가 할 수 있는 일은 한국어가 통하는 한인업소를 찾아 숙소를 찾고 쉬는 것뿐이었다. 헤맨 끝에 결국 찾은 곳은 한인업소 '동대문'이었다. 무표정에 말투가 무뚝뚝한 사장님이셨지만 어찌나 반갑던지…. 그게 방콕 여행의 첫 시작이었다.

난 배낭여행객들의 생활을 그대로 해 보고 싶어서 호텔을 잡지 않고 게스트하우스를 선택했다. 성수기라 방이 없어 최대한 후기가 좋은 곳으로 골랐지만 방 안은 생각보다 깨끗하지 않았고 시설도 좋지 않았다. 어차피 여기까지 왔으니 이것저것 따질 처지가 아니었다. 일단 나가서 구경하기로 했다.

이미 어둑어둑한 저녁이었다. 밤 문화가 활성화된 곳이라 카오산로드 곳곳은 화려한 불빛으로 장식되어 있었고 1층의 탁 트인 식당들에는 맥주를 마시고 즐기는 외국인들로 가득 차 있었다. 또 거리에는 춤추고 노래하는 외국인들과 전통 공연을 하는 태국인들로 뒤섞여 축제의 현장 같았다. 길거리 포장마차나 리어카 등에서 음식을 많이 팔았다. 숙소를 찾느라 너무 많은 시간을 허비해서 배가 고팠던 나는 팟타이를 주문해서 먹었다. 정말 너무 맛있었다. 지금도 그 맛을 잊을 수가 없다.

그날을 시작으로 왕궁, 암파와 수상시장, 아유타야, 센탄 등을 하나씩 찾아다니며 여행했다. 버스를 타니 예전 우리나라처럼 안내양이 버스비를 걷으러 다녔는데 그 광경조차도 나에게는 신기했다. 우리나라보다 더 큰 백화점이 몇 개씩 있는 거대한 쇼핑타운이 있던 센탄에서는 한국의 가수들을 따라 옷을 입고 춤을 추는 태국인들을 볼 수 있었다. 일부러 찾아간 현지인들의 뒷골목에서 그들이 즐겨먹는 노천 음식들을 맛보며 다양한 경험을 하기 위해 노력했다. 나는 예전부터 여행을 가면 외국인이 많은 곳보다는 현지인들이 많은 곳에 가서 그 나라의 색깔을 보는 게 더 흥미로웠다. 짧은 영어지만 외국인과 대화도 해 보고 동행했던 것은 나에게 새로운 경험이었다.

태국 여행에서의 백미는 깐짜나부리와 코사멧이었다. 깐짜나

부리는 조용하고 평화로우며 아름다운 작은 마을이었다. 복잡하고 심란한 마음을 가지고 갔던 여행이라 깐짜나부리는 나의 마음을 평화롭게 했다. 정지된 듯한 마을의 모습은 내 마음의 폭풍까지도 멈추게 해 주는 듯했다. 또한 코사멧에서는 바닷가에 누워서 책을 읽고 맥주를 마시며 쉬었는데 그 자체로 힐링이 되고 마음이 정화되었다.

여행에서는 볼거리, 먹거리가 기본이지만 그 이상의 감동을 주는 것이 바로 사람이다. 태국인들은 너무나 친절하고 순수해서 길을 물어보면 그 장소까지 데려다 줄 정도였다. 또 눈이 마주치면 항상 웃어 주는 태국 사람들은 국경을 넘어 인간으로서의 따뜻함을 느끼게 해 주었다. 또 그곳에서 만난 태국인 대학생은 자기 집까지 초대해서 자기 가족을 소개해 주며 나를 중요한 손님으로 대해 주었다.

직장에, 현실에 갇혀 답답했던 나에게 혼자만의 여행은 많은 것을 가져다주었다. 세상이 이렇게 넓고 할 수 있는 일이 많은데 내가 스물아홉 살이라는 이유로 고민하기엔 시간이 너무 아까웠다. 배우고 싶고 가고 싶고 하고 싶은 일이 많은데 고민하는 시간이 무의미하다는 생각이 들었다. 그리고 생각보다 나는 뭐든 혼자 잘하고 성공적으로 할 수 있는 존재라는 것을 깨달을 수 있었다. 직접 길을 찾고 뭔가를 해내는 것 자체가 나에게 성취감을 주었다. 더불어 내가 자유로운 것, 새로운 것을 좋아하는 사람임을 새삼 확인하게 되었다. 또 넓은 세상에서 넓은 마음을 갖게 되어 더 여유로워졌고 더 이상 무의미한 고민을 하지 않게 되었다. 혼자만의 여행은 나의 인생에서 전환점이 되었다.

첫 도전한 여행의 성공으로 나는 혼자만의 여행을 항상 머릿속에 꿈꾸게 되었다. 결혼을 하고 아이를 낳으면서 혼자만의 여행 기회가 줄어들어 아쉬운 마음이 가득했다. 하지만 나중에 기회가 된다면 꼭 한 번 혼자만의 배낭여행을 하고 싶다. 그때는 태국의 치앙마이 같은 조용하고 전원적인 곳에 가서 자전거로 여행하고 트래킹 프로그램에 참여해서 다양한 문화도 접하고 싶다.

몸이 조금 고생스럽다고 해도 그런 여행이 훨씬 기억에 오래 남고 배움이 남다를 수 있다는 것을 나는 잘 알고 있다. 젊었을 때 사서 하는 고생은 분명 큰 깨달음을 가져다준다. 앞으로 내 앞에 닥칠 다양한 장애물들을 극복할 힘을 얻을 수 있도록 조금은 힘들더라도 그 고생을 마다하지 않고 모두 경험해 보고 싶다.

그리고 또 한 가지, 끄라비에 가보고 싶다. 코사멧과 비슷한 느낌일 수도 있지만 아직 거기보다는 사람 때가 덜 타서 순수한 모습을 가지고 있는 곳이다. 골목 구석구석을 돌아다니며 그 나라만의 분위기를 마음껏 느끼고 싶다. 그리고 너무 맑아서 당장이라도 뛰어들고 싶은 바다 앞에 앉아 맛있는 태국 맥주와 캐슈너트가 들어간 팟타이를 먹으며 여유롭게 경치를 감상하고 싶다. 또 다른 여행객들과 소통하며 세상 사람들의 이야기를 듣고 싶다. 이렇게 쉼 없는 변화와 동떨어져 멈춰진 듯이 존재하는 그 분위기에 온전히 빠져서 세상과 이야기하고 싶다.

혼자만의 여행은 조용하다. 하지만 자연과 교감하고 내면과의 대화를 통해 성장하는 자신을 만나게 된다. 또한 낯선 사람과의 교류는 긴장감과 설렘을 준다. 오늘도 나는 혼자만의 멋진 배낭여행을 꿈꾼다.

02

스테디셀러 작가로
영향력 있는 교사 되기

벌써 교직생활 11년 차다. 신규교사로 발령 난 게 엊그제 같은데 벌써 교직생활을 한 지 10년이 넘다니 시간이 빠름을 새삼 실감한다. 설렌 마음으로 첫 출근을 하던 날이 아직도 기억이 생생하다. 4학년 5반, 나의 첫 학급이었다.

사회에 처음 발을 디딘 초년생들 대부분이 그렇듯 나도 열정이 가득 찬 하루하루를 보냈다. 초롱초롱한 눈으로 나를 바라보고 있는 아이들을 보며 내 제자가 생겼다는 것이 참으로 벅차고 기분이 좋았다. 처음 하는 일이기에 서툴고 실수도 많았지만 신규교사의 패기와 열정으로 열심히 가르치고 뭐든 함께하려고 노력했다.

나는 아이들이 너무 예쁘고 사랑스러웠다. 아이들은 쉬는 시간이면 내게 다가와서 어제 있었던 일을 조잘조잘 이야기했다. 선생님에 대해 뭐가 그리도 궁금한지 질문을 계속하는 아이들의 관심과 애정이 참 기분 좋았다. 내가 이렇게 많은 아이들에게 사랑받고 사랑을 줄 수 있다는 게 하루하루 행복했다. 모둠 보상으로 함께 영화를 보러 가기도 하고 함께 피자도 먹고 주변 공원으로 돗자리를 가지고 놀러 가기도 했다. '어떻게 이렇게 많은 시간을 아이들과 함께했지?'라는 생각이 들 정도로 내 에너지의 많은 부분을 반 아이들에게 쏟았다.

아이들은 선생님이 자신들에게 관심을 가지고 있는지 아닌지, 애정을 가지고 있는지 아닌지를 신기할 정도로 정확하게 안다. 교사와 학생의 관계도 인간과 인간의 만남이므로 마음은 늘 전해진다. 그때 나의 노력과 애정은 아이들에게 고스란히 전해졌고, 아이들과 나는 참 가깝게 지냈다. 지금도 그때 아이들과 찍은 사진을 보면 당시 추억들이 방울방울 머릿속에 떠오른다. 지금은 어디에서 뭘 하며 지내고 있을지 나의 첫 아이들에 대한 그리움과 애틋함이 항상 마음에 있다.

그 이후에도 나는 교사라는 직업으로 열심히 살았다. 열정적으로 가르치고 사랑한 만큼 아이들은 나를 따라오고 변화했다. 아이들의 경계하는 눈빛이 풀어지고 편안해진 표정으로 나에게

다가올 때의 기분은 말로 표현하기 어려울 정도로 감동이었다. 아이들의 변화는 나에게 보람이고 만족이었다. 물론 그 과정에서 많은 시행착오들이 있었고 후회되는 순간도 있었지만 아이들과 울고 웃으며 보내는 시간들은 나의 직장생활이자 인생 그 자체였다.

교사에게는 학생이 전부가 아니다. 학부모와의 관계가 학생만큼이나 중요하다. 아이들의 변화를 이끌어 내기 위해서는 부모님과의 대화가 필수였다. 그리고 젊은 교사가 자신보다 나이가 많은 부모님들과 대화하면서 조언을 하기 위해서는 신뢰가 밑바탕이 되어야 한다.

처음에는 학부모와의 관계가 가장 어려웠다. 내 아이를 가르치는 교사에게 무조건 호의적인 분들도 계시지만 간혹 자신의 아이만 더 특별하게 봐 주기를 바라는 부모님도 계셨기 때문이다. 게다가 젊은 교사이기에 마음대로 하려고 하는 부모님도 계셨다. 처음에는 당황스럽기도 하고 어떻게 대화를 풀어나가야 할지 어려웠지만 시간이 지나가면서 배워나가고 있다.

교실에서만큼은 내 영향력이 대통령만큼이나 크다. 아이들은 어느새 나의 말과 행동을 닮아가고 나의 생각을 따라간다. 교사가 가지고 있는 생각은 은연중에 아이들을 가르치는 과정에서 전달되며 아이들은 그 속에서 자신의 가치관을 세워 나간다.

교사는 정말 중요한 사람이다. 미래사회의 주역인 교실 속의 아이들을 올바르게 자라도록 책임져야 하는 존재다. 가끔 내가 가르치는 아이들을 보며 누군가는 대통령이 되고 누군가는 과학자가 될 것이며 또 누군가는 난치병을 치료하는 약을 개발할 거라는 생각을 하면 짜릿하고 설렌다. 내가 정말 제대로 가르쳐야겠다는 다짐을 하게 된다.

벌써 10년이라는 시간이 흘렀다. 신규로 교사가 되었을 때 10년 차 교사들을 보며 '나는 언제 저렇게 되지?', '저 정도 경력이 되면 모든 걸 척척 잘해내겠지?'라는 생각들을 했었는데 벌써 내가 그 경력이 되었다. 과연 신규 교사로서 내가 기대했던 것처럼 10년 후의 나는 교사로서 많이 달라졌을까?

나는 10년 동안 많이 달라졌다. 처음의 무모한 열정은 어느새 완급을 조절할 줄 아는 열정으로 변했다. 예전에는 아이들에 대해 무작정 관심을 가지고 열심히만 했다. 하지만 지금은 앞에서 너무 지나친 관심을 갖기보다 앞, 뒤에서 적절한 관심을 가지고 지켜볼 줄 안다. 아이들이 앞으로 나아갈 수 있도록 다독여 주고 뒤에서 격려할 줄도 안다.

또한 교육에서 어떤 것이 중요한 것인지 중심을 잡아 가게 되었고 확고한 생각을 가지게 되었다. 그렇게 어렵던 학부모와의 대화가 더 이상 부담스럽지 않으며 부모님의 스타일에 맞춰 어느 정도 대화를 할 줄 알게 되었다. 어차피 교사와 학부모가 아이를 바른 방향으로 잘 키우고자 하는 마음은 같다는 결론을 내리니 부모님의 행동을 바라보는 시각에 여유가 생겼다.

하지만 10년 차가 되자 나에게도 직장인으로서의 슬럼프가 왔다. 열심히 한 사람일수록 슬럼프를 깊게 겪는다는데 내가 그랬던 것 같다. 매년 똑같이 반복되는 일상이 조금은 지루하게 느껴지기도 했다. 사람을 대하는 일이다 보니 아이들, 학부모들, 동료교사들과의 관계에서 지치기도 했다. 또 교사로서 분명 경험이 쌓이고 발전했지만 내가 진짜 아이들을 위해 잘하고 있는지에 대한 의문도 나를 힘들게 했다.

변화가 필요했다. 여기저기 마음가짐과 의식에 관한 책들을 찾아 읽기 시작했으며 주변에 눈을 돌려 나를 변화시키기 위해 뭘 하면 좋을지를 고민했다. 평소 잘 모르던 분야의 책을 읽으며 시야를 넓히려 애썼고 교사로서 어떤 변화를 할 수 있을지 끊임없이 생각했다.

어느 날 수업이 끝나고 교실에 앉아 있는데 문득 내 영향력을 교실 안에서가 아닌 더 큰 세상으로 넓혀 보는 것이 어떨까 하는 생각이 들었다. 내가 지난 10년간 한 분야에서 일하면서 얻은 노하우들 그리고 30대를 보내면서 느꼈던 것들이 누군가에게는 궁금하고 꼭 필요한 정보가 될 수도 있다. 나와 주변의 동료교사들과 나누는 아이디어들을 더 많은 사람들과 나눈다면 누군가에게 유익할 뿐만 아니라 나에게도 큰 변화가 있지 않을까? 여러 분야의 책을 읽고 다른 직업의 사람들을 만나면서 비슷한 생각을 하던 중이었다. 내가 너무 좁은 세상에 갇혀서 내 소명을 교실 안, 학교 안에서만 찾으려 한 것은 아닌지 후회가 되기도 했다.

나는 내 직업을 사랑하기 때문에 교사직을 유지하면서 다른 무언가에 도전하고 싶었다. 그렇다면 내 영향력을 더 크게 펼치는 방법은 뭐가 있을까? 책 쓰는 작가가 되면 시간과 공간을 넘어 내 책을 읽는 누군가에게 영향을 줄 수 있을 것이라는 생각이 들었다. 많은 책을 읽으면서 감동받고 나의 생각이 변화하고 행동하게 되는 과정을 겪었기 때문에 나도 책을 써서 누군가의 마음을 움직이고 변화하게 만들고 싶어졌다. 또 같은 교사에게, 학부모들에게 조언해 줄 수 있는 멋진 멘토가 되고 싶다.

내가 생각하는 영향력이란 반짝하며 짧게 그리고 불같이 빛나다가 떨어지는 것이 아니다. 화려하진 않지만 그 빛이 오래 가며 누군가에게 여기가 길이라고 신호를 보내 주고 이끌어 줄 수 있는 지속적인 것이다. 내가 고민했던 것, 걸어왔던 길, 성공했고 실패했던 모든 것들이 누군가에게 책을 통해 전해진다면 얼마나 짜릿하고 기분이 좋을까? 내 앞에 있는 사람과의 대화가 아니라 책이라는 매개체를 통해 내가 모르는 누군가와 대화할 수 있다고 생각하니 갑자기 에너지가 생기고 도전해 보고 싶다는 생각이 들었다.

지금 나는 이런 내 생각을 행동으로 옮겨 책을 쓰고자 열심히 배우고 노력하고 있다. 작가가 되는 길은 쉬운 것이 아니지만 결코 못할 일도 아니다. 상상만 해 왔던 일인데 상상으로만 끝내기 싫어서 행동으로 바로 옮기는 나 자신이 자랑스럽다. 또 매일 작가의 길을 조금씩 걷고 있다고 생각하니 행복하다.

오늘도 작가가 된 교사로서의 내 모습을 그리며 기분 좋은 상상을 한다. 내게 한계는 없다. 꾸준히 사랑받는 책을 쓰는 작가가 되고 싶다. 스테디셀러 작가로 영향력 있는 교사가 되어 제2의 인생을 멋지게 살아갈 것이다.

03

몸치 탈출하고
멋진 몸매 만들기

TV에 나오는 가수들을 보면 다른 세상 사람 같다. 그중 학창 시절부터 제일 부러웠던 가수는 이효리였다. 얼굴도 예쁜데다 몸매가 정말 예술이다. 핑클 멤버일 때부터 눈에 들어왔는데 솔로로 데뷔해서 '10minutes'를 부를 땐 같은 여자가 봐도 눈길을 주지 않을 수 없을 만큼 매력적이었다. 어릴 땐 마른 사람이 예쁘다고 생각했는데 나이가 들면서 미의 기준이 바뀌었다. 운동을 해서 근육으로 탄력이 있는 몸매를 가진 사람이 멋있어 보인다. 근육이 없이 아름답긴 힘들다. 그런 면에서 운동으로 다져진 이효리의 몸매는 내 눈길을 끈다.

이효리가 나에게 매력적인 또 다른 이유는 춤을 잘 추기 때문이다. 기술적으로 잘 추는 사람은 많지만 매력적으로 추는 사람은 많지 않다. 사람마다 관점이 다르겠지만 나는 이효리가 춤추는 모습을 보면 여자로서의 당당함이 느껴지고 시원시원해서 기분이 좋다. 이렇게 나에게는 없는 것들을 이효리는 가지고 있다. 그래서 이효리가 부러웠다.

나는 예전부터 내 외모에 자신이 없었다. 다른 사람의 외모를 보면서 어떻게 하면 저렇게 될 수 있을까 부러워만 했다. 어릴 때부터 키가 큰 편이라 학교에서 항상 뒷번호였는데 키가 큰 것이 싫어서 친구들 뒤에 숨기도 했다. 중학교 때는 발이 크는 것이 싫어서 일부러 꽉 끼는 불편한 구두를 신기도 했다. 내가 생각하는 이상적인 여성은 아담하고 가늘어야 했다. 은연중에 내 속에 있던 생각들이 나를 작아지게 했다.

먹는 걸 좋아하고 쉽게 살찌는 체질도 나를 자신감 없게 만들었다. 몇 날 며칠을 굶으면서 살을 빼기에는 먹는 즐거움이 너무 커서 쉽게 포기할 수가 없었다. 굶어서라도 다이어트를 해야지 하다가도, 굶으면서 하는 다이어트는 건강에 좋지 않다고 스스로 합리화하며 포기해 왔다. 다이어트에 성공한 사람들은 참 대단한 사람들이라는 생각이 든다. 그들은 자기와의 싸움에서 끝내 승리한 사람들이다.

또 한 가지 내가 갖추지 못했다고 생각하고 자신이 없던 것이

춤이었다. 가수의 춤을 보고 따라 하는 친구들을 보면 신기하고 부러웠다. 나도 몸이 내 마음대로 움직여서 다른 사람 앞에서 멋지게 춤을 출 수 있다면 얼마나 좋을까 하는 생각을 자주했다. 음악을 듣고 흥얼거리는 것도 기분 좋은데 춤까지 추면서 즐긴다면 더없이 좋을 것 같다고 생각했다.

큰 키와 날씬하지 않은 몸매라 자신이 없다는 생각, 춤을 못 춘다는 생각이 마음속에 자리 잡은 상태로 살아 왔다. 크게 불편한 점이 없었고 누가 뭐라고 한 적도 없었기 때문에 그냥 시간을 보내온 것이다. 그러던 어느 날 누군가의 블로그에서 이런 글을 보게 되었다.

"당신은 자신의 단점에 대해 진지하게 생각해 본 적이 있는가? 단점을 극복하기 위해 온 마음을 다해 노력해 본 적이 있는가?"

책을 읽거나 인터넷에서 어떤 글을 읽게 되면 나의 삶과 연결 지어 보게 된다. 이 글을 읽고 나도 나의 단점은 어떤 것이 있는지 되돌아보았다. 평소 내가 나의 약점이라고 생각했던 것들이 진짜 약점이고 단점일까 하는 질문에서부터 생각을 시작했다.

남들보다 큰 키가 진짜 단점일까? 생각해 보면 아니다. 아담해서 귀엽고 보호해 주고 싶은 마음을 들게 하지는 못할지라도 어떻게 보면 당당해 보이고 옷을 잘 입으면 더 멋있게 보일 수도 있다.

큰 키가 남의 눈에 쉽게 들어와서 튈까 봐 걱정했는데 다른 면에서 생각하면 외적으로 돋보여서 내 장점을 더 빨리 드러낼 수 있으니 이렇게 좋은 조건이 없었다. 특이한 게 아니라 특별해질 수 있는 것인데 나는 왜 안 좋게만 생각했을까?

또 날씬하지 못한 나의 외적인 모습에 대해 생각해 보았다. 내가 이것을 단점으로 생각한다면 과연 그것을 극복하기 위해 치열하게 노력한 적이 있는가? 그냥 불평불만으로 일관하진 않았는가? 이것이 극복하지 못할 단점인가? 이런 질문에 대해 자신 있게 "나는 노력했으나 바뀌지 않았어요."라고 대답할 수 없었다. 이효리의 탄탄하고 건강해 보이는 몸매를 부러워하면서도 그렇게 되기까지의 노력에 대해서는 간과했다. 노력 없이 얻어지는 것은 없다. 특히 몸매를 가꾸고 건강한 신체를 유지하는 것은 꾸준하고 피나는 노력이 필요하다. 그런 노력 없이 타고나지 못했다고 포기해 버렸던 내 자신이 한심했다. 이것은 노력으로 충분히 바꿀 수 있는 단점이다. 마음가짐을 바꾼다면 나도 이효리 같은 몸매가 될 수 있다는 생각이 들었다.

춤에 대해서도 생각해 보았다. 내가 춤을 못 추는 이유는 무엇일까? 기억을 거슬러 올라가보니 나는 춤을 배워 본 적이 없었다. 춤을 배워 보지도 않고 나는 몸치라고만 생각하고 있었다. 춤이라는 게 타고난 리듬감이나 박자감이 중요할 수 있지만 배우면 극복할 수 없는 것이 아니다. 물론 타고난 사람이 좀 더 빨리 배울 수는 있겠지만 천천히 배우더라도 누구나 할 수 있다.

그동안 단점이라고 생각했던 부분을 마음으로 극복하니 생각만으로도 괜히 기분이 좋았다. 단점이라고 생각하는 것은 내가 어떤 마음을 가지고 어떤 노력을 하느냐에 따라 장점이 될 수도 있다. 또 극복할 수 있는 단점이라는 것만으로도 참 감사하다는 생각이 들었다.

생각으로만 끝나서는 변화를 일으킬 수 없다. 몸매 관리와 춤을 한 번에 해결할 수 있는 방법을 고민하다가 재미있게 춤으로 시작해야겠다고 생각했다. 춤을 배우면 춤 실력이 늘고 몸매 관리도 자연히 될 것이기 때문이다. 춤도 종류가 아주 많았다. 그래서 평소 여자로서 매력적이라고 생각했던 벨리 댄스 학원을 알아보았다.

첫 도전은 너무 설레고 떨렸다. 내가 잘할 수 있을지 걱정도 되었지만 도전하는 것 자체만으로도 나 자신이 자랑스러웠다. 처음에는 거울 속에 비친 내 모습이 어색했고 벨리 댄스 옷을 입는 것도 부끄럽게 느껴졌다. 벨리 댄스가 어려워 보이고 연속된 동작이라 저걸 어떻게 하지 싶었는데 역시 전문가의 가르침은 달랐다. 동작을 끊어서 반복 연습하고 각각의 동작을 연결하니 하나의 춤이 되었다. 도저히 움직이지 않을 것 같았던 내 몸이 거울 속에서 음악에 맞춰 동작을 기억하며 움직이는 것이 너무 신기하고 재미

있었다. 한 곡 한 곡 배워나갈 때마다 성취감과 자신감이 커져갔다. 앞에서 가르쳐 주는 강사처럼 나도 균형 있고 아름다운 몸매가 되고 싶다는 생각은 벨리 댄스를 더 열심히 하게 해 주었다.

몇 달이었지만 나에게 정말 꿈같은 경험이었다. 벨리 댄스를 배웠다는 것 이상으로 내가 몸치가 아니라 배우면 잘할 수 있는 존재라는 것을 알게 되어 자신감을 가질 수 있었다. 그리고 지금까지 단점으로 생각했던 부분을 극복했다는 성취감이 나를 행복하게 했다. 또 몸매에 대해 생각을 집중해서인지 살도 많이 빠졌고 더 탄력 있는 몸매로 변하는 내 모습에 만족스러웠다.

나는 벨리 댄스를 더 배우고 싶었지만 임신을 하면서 그만두게 되어 많이 아쉬웠다. 지금도 아이가 어려서 아직 배울 수 있는 시간적 여유가 없다. 하지만 내 인생에서 언젠가는 벨리 댄스를 제대로 배워 보고 싶다는 생각을 한다. 벨리 댄스 초급에서 중급, 고급을 거쳐 전문가 과정까지 도전해 보고 싶은 마음이 있다. 그리고 멋진 몸매, 탄탄한 근육으로 다른 사람들에게 닮고 싶은 사람이 되어 벨리 댄스를 가르쳐 보고 싶다는 생각도 한다. 나처럼 몸치로 걱정하는 사람들, 무언가에 도전해 보고 싶은 사람들에게 자신감과 희망을 심어줄 수 있지 않을까?

나의 단점이 진짜 단점일까? 아니다. 자신의 한계를 미리 정해 놓아 그것과 멀어지고 마는 것이다. 단점은 극복될 수 있으며 보는 시선에 따라 장점으로 여겨질 수도 있다. 나 자신의 단점을 극복해서 더 자신 있는 삶을 살고자 내 인생의 버킷리스트에 이런 것들을 담았다. 상상하면 이룰 수 있고 종이 위에 쓰면 더 빨리 이루어진다. 지금도 나는 근육으로 탄탄한 몸매와 몸치를 탈출한 모습을 머릿속에 시각화하며 당당하게 살아갈 멋진 내 인생을 꿈꾼다.

04

내 이름을 건
학교 만들기

3년 전 내가 맡은 반 아이가 중학교 입학 추천서를 부탁했다. 공립중학교가 아닌 대안학교의 추천서였다. 나는 지금까지 그 학교 추천서를 두세 번 부탁받았었다. 어떤 학교인지 궁금한 마음에 사이트를 둘러보긴 해서 대충은 알고 있었는데 좀 더 자세히 알고 싶어졌다. 대안학교인데도 불구하고 왜 학부모들이 보내고 싶어 할까? 대안학교의 의미와 취지는 알고 있지만 직접 가 본 적은 없어서 어떤 곳인지 알고 싶기도 했다.

사실 대안학교는 공교육 기관 내에서의 부적응으로 다른 환경이 필요한 아이들과 학교에서 사건을 일으켜 퇴출된 아이들이 가는 곳이라는 선입견이 있는 곳이었다. 또 정말 교육에 대해 확고

한 신념이 있는 소수의 부모님들이 공교육기관에 회의를 느껴 아이를 보내는 곳 정도로 알고 있었다. 보통의 사람들은 학력이 인정되지 않는 학교에 아이를 보내는 것을 꺼리기 마련이다. 그래서 대안학교에 진학하는 아이들이 흔치 않다. 부탁받은 담임 추천서를 밀봉해서 우편이나 인편으로 보내기만 했었는데 그 학교를 직접 구경해 보고 싶어 찾아가 보기로 했다.

학교는 멀지 않았다. 분당 시내에서 조금 벗어난 조용한 곳에 위치해 있었다. 나무가 우거진 길을 따라 올라가다 보니 학교가 보였다. 건물은 크지 않았지만 부지 자체가 매우 넓었다. 건물 자체의 모양이 기존 학교처럼 네모반듯한 사각형이 아니었고 아이들이 뛰어놀 수 있는 자연환경이 주변에 많아 매우 인상적이었다. 또 창문을 통해서 본 교실의 풍경은 여느 교실과 다르게 자유롭고 자연스러워 보였다. 틀에 박힌 교육과정에 의해 아이들을 평가하고 교육시키는 느낌이 아니라 아이들 스스로 문제를 해결하고 자유로움 속에서 뭔가를 배우고 있는 듯했다. 가장 인상 깊었던 것은 교실 속의 아이들이 매우 즐겁게 웃고 있다는 것이었다.

보통 학교에서 교실 속 아이들의 모습은 안타까운 마음이 들 정도로 어둡다. 너무 피곤해 보여서 전날 뭘 했냐고 물으면 새벽 2시까지 학원 숙제를 하느라 잠을 못 잤다고 한다. 엄마들끼리의 보이지 않는 경쟁이 아이들에게 전달되기도 한다. 아이들은 자신을 위해서가 아니라 엄마의 만족을 위해 공부하고 있는지도 모른다. 자신이 정한 꿈과 목표가 있는 것이 아니라 사회에서 좋다고 인정하는 직업, 안정적인 직장을 목표로 공부한다.

자신이 정한 길이 아니라 누군가에 의해 정해진 길이니 그 과정이 즐거울 리 없다. 아이들은 성적을 잘 받기 위해 그냥 교과서를 공부하고 학원을 다닐 뿐이다. 교실 속에서 아이들이 웃으며 즐겁게 배우고 뭔가를 주도적으로 계획해서 실행해 나가는 것은 어쩌면 교육에서 가장 중요한 일이고 당연한 것일 수 있다. 우리 사회에서 그런 부분이 간과되는 것은 아닐까?

평소 학교에 있으면서 우리 교육이 많이 잘못되었다는 생각을 해 왔다. 교과서를 보면서도 과연 이런 것들이 아이들이 실제 생활을 해 나가는 데 얼마나 많은 도움이 될까 싶은 내용들도 참 많았다. 그리고 진짜 필요한 부분이라 생각하는 것들은 교과서에 담겨 있지 않아 아쉬움도 컸다. 교육자로서 이런 부분을 어떻게 보완할 수 있을까 고민을 많이 했다. 그래서 반 아이들에게는 내가 필요하다고 생각하는 부분을 많이 알려 주려 노력했다.

사실 아이들의 눈빛이 변하고 태도가 변하는 순간은 내가 교과서 내용을 성공적으로 잘 가르쳤을 때가 아니라 교과서에서 벗어나 인생에서 꼭 필요한 것들이 무엇인지 진지하게 이야기할 때였다. 아이들을 변화시킬 수 있는 교육이 진짜 교육이다. 이런 생각은 나의 버킷리스트에도 반영되었다. 바로 '내 이름을 건 학교 만들기'다.

초등학교 시기는 아이들이 처음으로 체계적인 교육을 받는 시기다. 유치원 시기에는 돌봄과 배움 중 돌봄의 크기가 크다면 초등학교에 들어오면서 점점 배움의 크기가 커지게 되고 그 수준이 높아지게 된다. 배움은 자신이 관심이 있고 궁금하며 자신에게 필요한 것일 때 가치가 있는 것이다. 그래야 배우는 과정이 즐거울 수 있는 것이다. 그런 의미에서 나는 배움의 초점을 교사가 아니라 학생에게 맞추어야 한다고 생각한다.

처음에는 어려운 일일 수 있지만 배움의 주제를 아이들 스스로가 정하도록 해야 한다. 내가 생활 속에서 필요하다고 여겨지는 정보는 더 적극적으로 찾게 되기 마련이다. 또 교사가 전해 주는 지식은 듣고 나면 머릿속에 반은 남고 반은 날아가기 일쑤지만 내가 찾아 본 정보는 기억 속에 고스란히 남는다. 스스로 문젯거리를 찾고 해결하는 과정을 경험하는 과정은 아이들의 인생에 더 실질적인 도움이 될 수 있다. 문제 해결을 위한 계획을 하는 과정에서 다른 친구들과의 의사소통능력을 자연스럽게 기를 수 있다. 그리고 해결방법을 정리하는 과정에서 정보의 중요성 여부를 판단하는 능력을 배우게 된다. 이러한 탐구과정은 경험으로 쌓이게 되어 일상생활 속에서 스스로 문제를 해결하고자 하는 의지를 갖도록 도와준다.

주입식으로 교육받은 아이들은 어른이 되어서도 문제를 해결해야 하는 상황을 만났을 때 어떻게 해야 할지 몰라 당황하는 경우가 많다. 문제와 답을 가르쳐 줄 것이 아니라 문제를 해결하기 위한 방법과 과정에 대해 설명해 주는 것이 우리 교육에서 꼭 필요한 부분이다. 현실과 동떨어진 교육이 얼마나 실효성이 있을까? 학교를 다니는 이유가 어른이 되어 겪게 될 사회생활을 미리 준비해서 더 현명하게 살아가기 위해서인데 학교 교육은 현실과의 괴리가 너무 크다. 나는 이런 부분을 꼭 바꿔 보고 싶다.

내가 교육과정에 넣고 싶은 부분은 의식에 관한 것이다. 아이들에게 필요한 것은 목표와 방향이다. 흔히 꿈과 장래희망에 대해 이야기하지만 정작 아이들이 뭘 원하는지는 반영되지 않는다. 또 자신의 미래에 대해 얼마나 많이 고민해 봤냐고 물었을 때 자신 있게 답할 수 있는 아이도 흔치 않다. 자신의 미래는 자기 스스로 결정해야 한다. 많은 경험과 탐색을 토대로 자기가 원하는 것에 대한 큰 그림을 그리고 그에 맞춰 구체적인 목표들을 생각할 때 훨씬 적극적이고 능동적으로 행동할 수 있다.

하지만 우리 교육에서는 이런 중요한 부분을 놓치고 있다. 좋아하는 것도 다르고 소화 능력도 다른 아이들에게 많은 양의 같은 음식을 주는 격이다. 다양성은 미래 사회의 가장 중요한 요소라고 할 수 있다. 아이들이 자신의 생각을 한 가지로 수렴하는 것이 아니라 열 가지, 스무 가지로 다양하게 확산해 나갈 수 있도록 하는 것이 내가 하고 싶은 교육이다.

또 자본주의 시대를 살면서 돈에 관한 교육이 아이 때부터 제대로 이루어져야 한다고 생각한다. 그래서 경제교육을 교육과정에 포함시키고 싶다. 물론 지금도 경제교육은 5학년 교육과정에서 이루어지고 있다. 하지만 아이들에게는 전반적인 이론이 아닌 당장 내가 받은 세뱃돈과 용돈을 어떻게 계획하고 써야 하는지에 대한 구체적인 방법들이 더 필요하다고 생각한다.

돈의 활용에 대한 지도가 학교에서 이루어지면 속물적이고 순수하지 못한 것이 아니냐는 부정적인 시선이 있을 지도 모른다. 하지만 나는 지금까지 학생들을 지도하고 내 인생을 살아오면서 정작 가장 필요한 것은 돈의 소중함을 알고 돈을 어떻게 활용할지에 대해 배우는 것이라고 생각했다. 그런데 왜 이런 교육을 하지 않았을까 하는 생각을 많이 했다. 이런 생각의 연장선상에서 나는 학교가 진짜 아이들이 실생활에서 필요한 것을 가르치는 곳이어야 한다고 느꼈다.

그리고 독서교육과 글쓰기교육을 제대로 하고 싶다. 수업 시간은 40분으로 한정되어 있어서 어떤 글을 깊이 있게 읽거나 어떤 주제에 대해 많은 의견을 나누기가 매우 어렵다. 변화하는 세상에서 살아가면서 꾸준히 배운다는 것은 필수적인 것이다. 그중 내 의견을 말과 글로 표현하는 것은 가장 중요한 일이라고 할 수 있다. 또 그 과정에서 경청하고 나의 자세를 낮추기도 하며 다른 사람을 배려하는 것은 현재의 이기적인 사회의 모습을 바꿔나가는데 큰 도움이 될 것이라 생각한다.

마지막으로 나는 교과서 없는 교육과정을 운영해 보고 싶다. 매년 아이들의 수준과 성향은 천차만별인데 획일적으로 같은 교과서로 배운다는 것은 잘못된 것이라 생각한다. 교과서 없이 현재 아이들의 흥미와 수준에 따라 교사가 자율적으로 배울 내용을 정하고 아이들과 함께 배움의 과정을 창조해 나간다면 그보다 더 즐겁고 멋진 일은 없을 것이다.

내 이름을 건 학교… 생각만 해도 기분이 좋아진다. 그 학교 안에는 자유롭고 실제적인 배움이 있고 밝게 웃는 아이들이 있다. 지금은 현실 속에서 틀에 맞춰진 교육으로 아이들을 가르치지만 언젠가 내가 생각하는 교육을 자유롭게 펼칠 수 있는 날이 올 거라고 믿는다. 내 이름을 건 학교가 세워질 그날을 기대해 본다.

05

내가 인테리어한
작은 커피숍의 주인 되기

　나는 커피를 매우 좋아한다. 내 손에는 항상 커피가 들려 있다. 나의 커피사랑은 나를 아는 사람이라면 다 알 정도로 대단하다. 아침에 마시는 커피는 나에게 안정감을 주고 기분 좋은 하루를 시작하게 해 준다. 카페인 때문일 수도 있겠지만 입 안에 맴도는 커피의 향과 특유의 맛은 감각을 통해 내 의식까지 깨워 준다.

　워낙 커피를 좋아하다 보니 누군가는 맛집을 검색할 때 나는 커피 맛이 좋은 카페를 검색한다. 커피 맛은 원산지에 따라 미묘하게 다르다. 커피를 잘 안 마시는 사람들은 커피가 다 똑같이 무슨 차이가 있냐고 반문할 수도 있지만 나처럼 커피를 좋아하고 오래 즐겨온 사람들에게는 그 차이가 확연히 느껴진다. 내가 좋아하는 맛을 가진 커피를 만났을 때 참 기분 이 좋다. 커피의 맛은 유명한 프랜차이즈 커피라고 좋은 것이 아니다. 현대식 건물에 큰 커피숍이라고 맛있는 것도 아니다. 동네의 허름하고 작은 커피숍 이라도 누가 어떤 원두로 어떻게 내리느냐에 따라 기대 이상으로 좋을 수 있다.

사람들에게 커피숍은 어떤 공간일까? 나에게 커피숍은 내가 좋아하는 커피를 마실 수 있는 공간 이상의 의미를 가진다. 커피 숍에서 새로운 커피를 맛보는 것은 나에게 기쁨을 준다. 혼자 커 피숍에 있을 때는 나 자신과 마주하며 깊은 생각을 할 수 있고, 누군가와 함께할 땐 일상을 공유하며 생각을 나눌 수 있다. 책을 읽을 땐 작가와 단둘이 만나는 시간이기도 하고 신문을 볼 땐 세 상과 만나는 공간이기도 하다. 내가 좋아하는 커피를 마시며 내가 좋아하는 무언가를 한다는 것은 그 자체로 최고의 힐링이 된다.

동네에 자주 가던 커피숍이 있다. 그곳은 조금 특별했다. 커피 숍은 보통 대로변에 잘 보이는 곳에 있기 마련인데 이곳은 건물 옆쪽 후미진 곳에 위치해 사람들 눈에 잘 띄지 않았다. 우연히 갔 던 그곳에서 아무런 기대 없이 아메리카노를 주문했다. 턱수염이 인상적이었던 주인은 기계를 쓰지 않고 직접 원두를 갈아 드립커 피로 내려 주었다. 그때 마신 아메리카노의 맛은 정말 일품이었다. 그동안 많은 커피를 마셔 봤지만 그렇게 향이 혀끝을 강하게 맴도는 것은 처음이었다.

그 커피숍에서 나를 사로잡은 것은 커피 맛뿐만이 아니었다. 커피숍의 인테리어가 예사롭지 않았다. 인테리어 업체에 위탁해서 커피숍 분위기로 꾸민 공간이 아니라 주인 부부가 손수 모은 소품들, 취미로 만든 인형들과 꽃꽂이 작품들이 가게를 장식하고 있었다. 색채나 분위기에 일관성이 있진 않았지만 여느 커피숍에서 볼 수 있는 흔한 인테리어가 아니라 더 좋았다. 주인 부부의 손길이 느껴지는 가게 곳곳의 풍경이 더 정겹고 매력적으로 느껴졌다. 완벽한 것보다 조금 부족하지만 인간미 넘치는 것이 더 끌리는 것처럼 말이다.

두 분의 모습은 정말 아름다웠다. 아저씨는 커피 원두를 볶고 커피를 내리고 커피 맛이 어떻게 하면 더 좋을지를 연구했다. 또 아주머니는 평소 좋아하는 꽃을 예쁘게 다발로 만들기도 하고 요즘 유행하는 드라이플라워도 만들어 장식하기도 했다. 커피숍 자체가 생업이자 취미의 공간이었던 것이다. 내가 좋아하는 일을 마음껏 할 수 있고 그것을 자연스럽게 사람들에게 보여줄 수 있는 공간이 있다는 것, 부부가 취미활동을 하며 같은 공간을 공유하고 있다는 것, 이 얼마나 멋진 일인가!

이 커피숍을 다니면서 나에게는 막연한 꿈이 생겼다. 나도 이런 공간을 갖고 싶다는 꿈이었다. 나중에 나이가 들었을 때 저 부부처럼 커피숍을 하나 내서 취미활동을 하고 싶다는 생각이 들었다. 누군가를 위해 개방된 공간에서 내가 좋아하는 일을 할 수 있다면 얼마나 좋을까? 언젠가 갖고 싶다고 여겼던 막연했던 꿈은 나이가 듦에 따라 진지하게 내 삶을 계획하는 과정에서 더 구체화되었다.

내가 꿈꾸는 공간은 한적한 곳에 위치한 작은 커피숍이다. 그곳은 화려하지 않아도 내가 인테리어를 직접 해서 내 손길이 그대로 묻어나는 곳이었으면 좋겠다. 정확히 말하면 화려함보다는 화사하고 따뜻한 곳이길 원한다. 그냥 커피숍만 있는 것이 아니라 앞쪽에 공간이 있어 테라스처럼 꾸며 놓고 싶다. 테라스에는 벤치를 두어서 따뜻한 햇살과 부드러운 공기 속에서 커피를 즐길 수 있게 하고 싶다.

안쪽에는 파스텔 톤의 페인트로 기본 색을 칠하고 전체 공간을 세 구역으로 나눠 분위기를 다르게 꾸며 보고 싶다. 한쪽 구역은 미술관 분위기로 꾸며 내가 좋아하는 현대미술 작품을 전시하고 싶다. 나는 그림에 대한 조예는 깊지 않지만 유명한 전시회가 있거나 인사동에 가면 전시회를 관람하기도 한다. 그림을 통해 작가가 이야기하는 것이 무엇인지 궁금하기도 하고 작가의 감성이 느껴지기도 해서 묘한 매력이 있었다. 특히 현대미술 작품들의 파격적인 기법들과 콜라보 형식의 작품들은 에너지가 넘쳐 보는 사람의 마음까지 일으켜 세우는 듯했다. 이런 작품들을 전시해서 커피를 마시며 예술경험까지 하는 공간으로 만들고 싶다.

다른 구역은 내가 좋아하는 작업을 할 수 있는 공간으로 활용하고 싶다. 벽면을 북카페 형식으로 만들어 내가 즐겨 읽는 책들과 내 저서들을 꽂아둘 것이다. 그 앞에 개인 책상을 두어 커피를 마시면서 세상을 향해 전하고 싶은 말과 나누고 싶은 나의 지식들을 종이에 담기 위해 글을 쓰고 싶다. 가끔은 내 책을 읽은 독자가 찾아와 사인을 요청하면 기쁜 마음으로 책에 사인을 해 주며 이야기 나누는 상상을 한다. 또 이 공간에서 나와 함께 책을 쓰면서 고민을 나누던 지인들과 함께 모임도 갖고 싶다.

또 한 가지 내가 평소에 좋아하는 것이 있는데 바로 사진이다. 일상의 순간순간이 담긴 사진은 시간이 흘렀을 때 그때를 추억하게 해 주고 사람들과 그 순간의 일에 대해 이야기 나누게 한다. 인위적이고 계획된 사진은 매력이 없다. 나는 자연스럽게 찍힌 사진들에서 편안함과 따뜻함을 느낀다. 대학생 때 동아리활동으로 사진부를 했었는데 그때 선배들, 동기들과 출사를 다니며 행복했던 기억이 있다. 사진은 혼자만의 작업일 수도 있지만 사람과 함께했을 때 더 따뜻한 사진을 만나게 된다. 나도 그런 사진을 찍고 싶고 사진 기술에 대해서도 제대로 배워 보고 싶은 마음이 있다.

그래서 남편, 아이와 일상을 보내며 찍은 사진들을 전시하고 싶다. 우리 가족의 앨범 공간으로 활용하는 것이다. 아이와 보내는 시간은 언제나 감동적이고 감격스러워서 그냥 흘려보내기 아쉬울 때가 많다. 일상의 행복했던 순간순간을 사진에 담아 우리 가족의 추억으로 남겨두면 좋을 것 같다. 아이로 인해 더 행복해지는 우리의 삶을 오가는 사람들과 공유하는 것도 의미 있는 일이라고 생각한다.

　　마지막으로 한 공간은 여행지를 콘셉트로 꾸미고 싶다. 평소 여행하는 것을 좋아하지만 현실적인 제약으로 많이 다니진 못했다. 하지만 앞으로 조금씩 다니면서 여행에 대한 정보를 수집해서 탁자에 책자 형태로 비치하고 싶다. 요즘은 해외여행을 많이 다니지만 우리나라에도 정말 멋진 곳이 많다. 우리 부부는 모두가 다 가는 여행지보다는 사람들이 잘 가지 않는 숨겨진 명소를 좋아하는데, 이런 곳에 대한 정보와 사진들을 책자로 정리해 보고 싶다. 커피를 마시러 온 사람들이 커피와 함께 간접적으로 여행도 해 보고 나중에 여행을 계획하기도 한다면 참 좋을 것 같다.

　　음악은 내가 좋아하는 재즈로 잔잔하게 틀고 싶다. 재즈 음악은 커피와 참 잘 어울린다. 깊고 풍부한 악기 소리와 재즈 가수의 음성이 커피의 맛과 조화롭게 어우러진다. 커피의 맛은 어떤 곳보다 깊고 진하며 신선하게 만들 것이다. 직접 볶은 원두의 냄새가 코끝을 자극하며 커피를 좋아하는 사람들이 만족하고 갈 수 있는 곳이기를 바란다.

나는 사람을 좋아한다. 내가 만든 공간이 사람 냄새 나는 따뜻한 공간이 되기를 바란다. 나 혼자만의 만족을 위한 공간이 아니라 모두를 위해 개방되고 더불어 내가 가진 것을 나눌 수 있는 곳이 되었으면 좋겠다. 내가 인테리어한 작은 커피숍에는 커피, 음악, 그림, 사진, 책 그리고 사람 등 내가 좋아하는 모든 것이 담겨 있을 것이다. 커피를 매개체로 서로 소통하고 마음을 나눌 수 있는 행복한 공간이 되기를 꿈꾼다. 상상만 해도 기분이 좋다.

PART 2

더 나은 세상을 위한 '좋은 부모 센터' 설립하기

· 유 세 미 ·

유세미

'유세미의 인생수업' 대표, 직장생활 전문가, 직장인 자기계발 코치, 동기부여 강연가, 자기계발 작가

삼성물산과 애경에서 20여 년간 유통 전문가로 재직했다. 애경그룹 최초 여성임원 출신으로 현재는 '유세미의 인생수업' 대표로 활동하고 있다. 일과 삶의 균형, 자기계발, 자녀와의 소통 등 이 시대의 모든 이들이 함께 배워야 할 인생수업을 강연 중이다. 저서로《성공이 전부인 줄 알았다》가 있다.

01

축복을 전하는
세계 선교 여행 가기

나의 사랑하는 친구 김유경은 아프리카 선교사다. 그녀는 대학을 졸업하고 콩고를 시작으로 잠비아를 거쳐 지금은 튀니지에 살고 있다. 물론 남편도 목회자다. 어렸을 때부터 그녀의 소망은 평생 아프리카와 중동지역에서 선교사로 사는 것이었고, 지금도 그 뜻을 이루어가고 있다.

우리는 평생 친한 친구로 지내면서도 고작 2~3년에 한 번씩 얼굴 보기도 힘들다. 그만큼 선교사의 일상은 팍팍하다. 그녀는 20년이 넘는 세월 동안 병도 많이 앓았다. 심장병에 갑상선, 신장염까지… 걸어 다니는 종합병원이라 불릴 만하다.

"남편이 부둣가에 나가 성경을 전해 주며 전도하는 시간이면 나는 심장이 오그라드는 것 같아서 아무 것도 못하고 앉아 있어. 내가 이러면서 선교를 왔어."

말은 그렇게 하면서 친구는 한술 더 뜬다. 현재 교회가 금지되어 있는 나라에서 지하교회를 운영하고 있다. 걸리면 바로 구속이고 어떤 중형에 처해질지 모른다. 게다가 본인은 믿음이 없어서 병에 걸린단다. 남편이 선교하다가 경찰에 잡혀가는 꿈을 꾸기도 한단다. 식은땀을 흘리며 벌떡 일어나 보면 낯선 나라 튀니지의 변두리에 있는 동네 좁은 방이다.

콩고에 있을 때 친구는 아이에게 먹일 분유가 없어서 아이가 걷고 뛰어 다닐 때까지 젖을 먹였다. 그 아이가 지금은 프랑스 소르본 대학교의 의대생이다.

친구의 인생 여정은 나에게 큰 영향을 주었다. 마치 하나님의 메신저 역할이라고 할까? 이 세상을 바쁘게 살면서도 결국 무엇이 가장 중요한지 끊임없이 자극을 주는 메신저 말이다.

내 인생은 그녀를 통해 늘 '선교'라는 소명이 가슴 속 깊이 자리 잡고 있었다. 내가 선교사를 꿈꾼 건 그때부터였다. 가랑비에 옷 젖듯이 시간이 갈수록 당연하게 여겨졌다. 미래에 나는 세계 여러 나라를 선교 여행하는 사람이 되어 있을 것이다.

언젠가 도쿄에 출장을 갔을 때 신주쿠의 한적한 뒷골목에서 작은 십자가가 걸린 교회를 보았다. 나는 그때의 충격을 잊지 못한다. 전 국민의 0.4%만이 크리스천인 나라에서 교회를 발견하다니 신기하기만 했다. 인도네시아나 베트남 출장 중에도 난 항상 습관처럼 교회를 찾았다. 기독교 국가가 아닌 나라로 출장을 다닐 때 나는 마치 선교 여행의 전초전인 양 먼 훗날 다시 이곳에 선교 여행을 와서 많은 일을 하는 꿈을 꾸곤 했다.

친구가 처음 아프리카에 정착했을 때 이루 말할 수 없는 고난이 있었다. 먹을 것도 없고 말도 안 통하고 더럽고 위험한 장소에서 터전을 마련해야 했기 때문이다. 오직 하나님만 붙잡고 "죽이시든 살리시든 주의 뜻!"이라고 외칠 수밖에 없었다.

콩고의 한 부족 마을로 들어간 친구 부부는 원주민들을 집집마다 찾아다니며 마음을 여는 일부터 시작했다. 그곳에서는 귀한 손님이 집에 찾아왔을 때 특별한 차를 대접하는데 바로 따뜻한 짐승의 피를 섞은 우유였다. 말만 들어도 속이 안 좋아지는 것 같았다.

"그래서 그걸 먹었어?"

"그럼 못 먹겠다고 하냐? 눈 딱 감고 원 샷이지."

게다가 한 잔으로 끝나지도 않는다. 그다음 집에 방문해도 메뉴는 똑같다. 이름을 뭐라고 해야 하나? 짐승 피 라떼, 생각만 해도 끔찍하다.

그제야 선교사는 아무나 하는 직업이 아니라고 느꼈다. 그럼 내가 할 수 있는 선교는 무엇일까? 꼭 아프리카에서 살지 않아도 선교사의 길을 갈 수 있는 방법은 사실 많다. 그중 하나가 바로 선교사를 지원하고 보내는 일이다. 내 마음 속 깊이 간직된 꿈이다.

나는 집에 초대형 세계 지도를 걸어 두고 싶다. 이왕이면 넓은 벽 전체를 꽉 채울 수 있으면 좋겠다. 그리고 선교사 한 명이 넓은 세계 어딘가에 파견될 때 그의 사진과 프로필을 지도에 붙여 놓을 것이다. 그 선교사의 성공적인 정착을 위해, 그리고 그 땅의 선교 대상자들을 위해 지도를 보면서 손을 들어 축복하며 기도할 것이다.

선교사 한 사람을 보낼 때마다 지도는 점차 선교사들의 사진으로 풍성해질 것이다. 이렇게 지도에 100명을 채우는 것이 나의 최종 목표다.

나는 전 세계에 선교사들을 보내고 그들을 물질적으로 지원하고 기도하는 일을 담당하고 싶다. 물론 내가 하는 일은 아니다. 하나님의 계획 안에 있는 축복의 역사가 나를 통해, 나를 도구로, 나를 청지기로 하나님께서 사용해 주시기를 간절히 바랄 뿐이다.

나는 신나는 상상을 자주한다. 아프리카로 부임한 선교사들이 교육의 기회가 전혀 없는 여자 아이들을 위해 학교를 준비한다. 또 매년 에이즈로 죽어가는 수많은 아이들을 위해 병원을 짓는다. 그곳에 있는 선교사들이 한국으로 재정적 도움을 요청한다. 그러면 나는 기다렸다는 듯이 그곳으로 날아간다. 부지를 살펴보고 계획을 함께 세우고 필요한 모든 것에 힘을 보태는 것이다.

그들의 요청으로 내가 먼 곳까지 찾아간다면 선교사들에게 얼마나 힘이 될까? 하나님이 나를 이렇게 써 주시면 참 좋겠다. 양손에 고추장이랑 온갖 양념에 김, 미역도 가져가고 싶다. 그리고 마치 엄마처럼 안아 주고 격려해 주고 싶다는 생각이 든다. 상상만 해도 가슴이 설렌다.

평소 친분이 있는 젊은 목사님이 선교사로 멀리 떠난다. 가족들 때문에 많이 망설였다고 한다. 그리고 드디어 비장하게 가족들에게 그 뜻을 전했다. 모두 다 조용한 가운데 어색한 침묵을 깬 건 막내아들의 질문이었다.

"아빠, 그럼 우리 이제 치킨 못 시켜 먹는 거야?"

"음… 5번 시켜 먹을 거 한 번밖에 못 시켜 먹는 거야."

"그래? 그 정도는 뭐 괜찮아."

치킨 배달 횟수를 기준으로 아이들은 '고된 선교'를 이해했다. 그러나 가족 앞에 놓인 현실적인 어려움은 프라이드치킨이냐 양념치킨이냐의 고민을 훨씬 뛰어 넘는 것이리라. 이 목사님은 나의 꿈인 100명 섬김 선교사 중 한 분이다. 나는 그 아들을 위해 맛있는 치킨 배달원이 되고 싶다.

오랫동안 선교사로 지내신 목사님이 케냐에서 선교 활동할 당시의 이야기다. 아프리카는 일단 물도 부족하고 한국처럼 먹거리가 풍부하지 않다. 게다가 20년 전이었으니 상황은 더 열악했다. 어느 날 한국에서 지원팀이 방문했다. 생필품 위주로 선물을 준비해 왔는데 목사님 자녀들을 위한 사탕도 포함되어 있었다. 커다란 사탕봉지를 받아 들고 눈이 휘둥그레진 여덟 살 딸아이가 감탄하며 말했다.

"우와! 아빠, 하나님이 나를 이렇게 많이 사랑하시는 거야?"

나는 하나님의 사랑을 전하는 메신저가 되길 원한다. 하나님을 위해 평생을 헌신하기로 결심한 선교사들을 섬기고 싶다. 사탕봉지로 또는 비행기 티켓으로, 좀 더 욕심을 내자면 그들이 헌신하는 척박한 땅을 돌아다니며 일하고 싶다. 하나님이 사랑하는 또 다른 자녀들을 위해 선교사들을 도와서 우물을 파고 학교를 세우고 병원을 건설하면서 말이다. 그들은 하나님이 얼마나 자신을 사랑하시는지 여덟 살 꼬마아이처럼 기뻐하며 깨달을 수 있을 것이다. 그리고 고달프고 외로운 선교사들에게 결코 그들은 혼자가 아님을, 하나님이 함께하고 계심을 알려주고 싶다.

이 소망은 지금 내가 일을 하는 이유이자 가장 큰 원동력이 된다. 선교사 한 명을 보내기 위해 돈은 얼마나 필요할지 그리고 100명을 동시에 지원하려면 한 달 수입이 얼마가 되어야 할까 고민한다.

이 마음이 변하지 않기 위해 또 얼마나 많은 기도가 필요할까? 그래서 오늘이 더 소중하다. 내 소망의 발판이 되기에 더 진지하게 오늘을 껴안는다. 열정적으로 오늘을 살아내고 치열한 현장에서 은퇴할 무렵 나는 세계 곳곳을 바쁘게 돌아다니고 있을 것이다. 하나님의 축복을 전하는 세계 선교 여행이라니 생각만으로도 정말 가슴이 벅차오른다.

02

예쁜 전원주택에서
재미있게 늙어가기

　이제 막 아기 손바닥만큼 자란 꽃상추 잎에 맺혀 있던 이슬이 떼구르르 굴러 떨어진다. 뿌리 쪽에 손을 넣어 조심스레 뜯으니 하얀 진이 묻어난다. 진짜 싱싱한 야채는 이래야 한다. 이젠 마트에서 상추 한 잎도 사 먹을 수 없다. 밭에서 직접 뜯어먹는 야채 맛에 푹 빠진 이후 텃밭은 일이 점점 더 많아진다. 샐러리도 토마토도 싱싱한 잎이 자라난다. 오이랑 호박 넝쿨 때문에 어른 키 높이로 올릴 작대기를 여러 개 꽂아두었다. 씨감자를 심어둔 지 얼마 지나지 않았는데 벌써 싹이 나더니 하얀 감자 꽃이 피었다. 예쁘기도 하다.

　내일은 애들 식구들이 들이닥칠 예정이다. 고기는 양념해 놓았으니 야채를 뜯어 샐러드만 하면 된다. 호박이랑 풋고추를 숭덩숭덩 썰어 넣고 된장을 끓여 따끈하게 밥을 해 줘야겠다. 마당에 불을 피우고 고기를 구우며 와인도 한잔 하고 싶다. 잔불에 고구마도 구워 볼까?

내가 꿈꾸는 노후의 평화로운 일상이다. 마당은 아주 넓고 집 뒤로는 텃밭이 있어야겠다. 동화책에 나오는 집보다 더 예쁜 이층 주택을 내 맘에 꼭 들게 직접 디자인해서 짓고 싶다. 1층 거실 전면에는 커다란 통창을 만들어야겠다. 집 안에서 바라보는 푸르른 앞산이 마치 거실 안으로 들어오는 것처럼 느껴지지 않을까?

아이들을 시집 장가 다 보내고 부모님을 모시고 남편이랑 넷이 살면 조용하고 평화롭겠다. 장미를 좋아하는 엄마를 위해 장미 넝쿨을 울타리에 빙 둘러 심으련다. 이왕이면 오래된 감나무가 마당 한쪽에 있었으면 좋겠다. 여름이면 장미향에 온 동네가 황홀하고 가을이면 감이 주렁주렁 열릴 것이다. 감을 직접 따서 한 바구니는 이웃과 나누고 친구들에게는 한 상자씩 택배로 부쳐 주며 생색내고 싶다.

텃밭 옆으로는 아담하고 깨끗한 정자를 지어 놔야겠다. 정자 마루는 기름을 먹여 항상 반들반들 윤을 낼 것이다. 산들산들 바람 좋은 초여름엔 책을 끼고 누워 한없이 빈둥대고 싶다. 남편은 집 안에 내가 보이지 않으면 점심 챙긴 쟁반을 들고 뒷마당 정자

로 올 것이다. 김치 송송 썰어 넣고 참기름 냄새 고소한 비빔국수
를 먹자면서 말이다. 그새 설핏 잠든 나를 깨우며 잔소리를 해대
겠지? 네 손에 점심 좀 얻어먹어 보자는 둥, 국수 다 불어 터진다
는 둥 말이다. 못 이기는 척 일어난 나는 남편이 남긴 국수 양념
까지 싹싹 긁어 먹으며 이 세상에서 당신이 만든 비빔국수가 제
일 맛있다고 허풍을 떨게다. 그렇게 나이 들고 싶다.

　　예전에 곡성에 여행을 간 적이 있다. 섬진강가에서 낚시를 하
고 난 후 그 주변에 집을 짓고 사는 지인에게 며칠 신세를 졌다.
그 집에는 오래된 감나무가 있었다. 그 밑에 나무 밑동을 잘라 만
든 테이블이 놓여 있고 겨우 엉덩이를 걸칠까 말까 한 의자 서
너 개가 얌전히 놓여 있었다. 나와 지인의 친구들은 그렇게 감나
무 밑에 모여 앉아 가을밤에 향기로운 술을 마셨다. 앞쪽으로는
섬진강물 흐르는 소리가 맑았다. 거짓말같이 총총한 별빛 때문에
고개 아픈 줄 모르고 한없이 하늘을 올려다보던 밤이었다.
　　아마 그때 마음속에 그런 소원이 생긴 것 같다. 세월이 지나
나이를 먹으면 아주 넓은 마당과 감나무가 있는 집에서 살고 싶다
고 말이다. 이렇게 지리산 자락까지 멀리 와서 살 수는 없지만 흙
냄새 풀냄새 가득한 너른 마당에서 하늘을 올려다보는 평화는 반
드시 누려 보고 싶다고 생각했다. 더군다나 나는 지금까지 아파
트에서만 살았다. 한마디로 시멘트 벽 안에서 공중에 늘 붕 뜬 채

로 잠자고 먹고 살고 있지 않은가? 열심히 살다가 노후에는 발을 땅에 딛고 살아 볼까 한다. 그러면 붕 뜬 마음도 더 안정되리라는 엉뚱한 생각이 든다.

　내 주변에는 서울생활을 모두 정리한 지인들이 꽤 있다. 지리산으로, 또 강원도 두메산골로 자칭 평화를 찾아 떠난 사람들이다. 그들은 하나같이 열심히 일했던 엘리트였지만 모든 에너지가 고갈되기 전 살 길을 찾아 떠난다고 했다. 인생이 방전된 것이다. 그러나 나는 일부러 한적한 시골 땅으로 갈 마음은 없다. 왜냐하면 할머니가 될 때까지 현역으로 살고 싶어서다. 젊은 날처럼 치열하게 사는 것은 왠지 '뭐 그렇게까지 할 필요가 있을까?'라는 생각이 들기도 하지만 아예 은퇴를 선언하며 할 일 없는 뒷방 노인네가 되기는 더 싫다. 오히려 90세까지 현역으로 왕성하게 활동하는 것이 나의 또 다른 꿈이기도 하다.

　어느 책에선가 깊이 공감한 내용 중에 "기계는 쉬지 않는 것이 능력이고 사람은 쉴 줄 아는 것이 능력"이라는 대목이 있었다. 나는 젊은 날에 능력이 없는 사람이었다. 쉬지 않고 일을 했기 때문이다. 쉬면 큰일 나는 줄 알았다. 그래서 나의 노후를 책임질 집은 서울에 있지만 시골 같은 위로를 주는 전원주택 모양을 갖추어야 한다. 그래야 쉬면서 일할 수 있을 테니 말이다.

　일과 휴식을 적절히 균형 잡을 줄 안다는 것은 나이를 먹는

데 대한 보너스 같다. 또한 즐겁게 늙어갈 수 있는 좋은 방법이다. 노후를 어떻게 살지는 사람마다 원하는 것이 다르겠지만 나에게는 가족과 일 그리고 친구가 꼭 필요하다.

사랑하는 가족이 일단 행복하고 언제나 함께할 수 있다면 그 것보다 기쁜 일이 어디 있을까? 자식들이 각자 사회의 일원으로서 제 역할을 다한다면 자랑스럽겠다. 지구의 한 모퉁이를 환히 밝히는 내 아이들에게 늘 응원의 박수를 쳐 주고 싶다. 손주들은 또 얼마나 예쁠까? 나는 집에 찾아온 아이들의 복숭아 같은 뺨을 어루만지며 엉덩이를 두드리는 할머니가 되겠지? 그때쯤이면 잔소리쟁이 남편이랑 아직도 정정하신 부모님과 함께 아이들이 마당 푸른 잔디 밭 위를 뛰노는 모습을 바라보고 싶다.

나는 아이들이 한바탕 떠들고 돌아간 후 조용해진 내 집에서 글을 쓰련다. 평생 글을 쓰며 책을 읽으며 살고 싶다. 머리 하얀 할머니가 될지라도 내가 쓴 글로 세상에 선한 영향력을 끼치는 현역이었으면 좋겠다. 그래야 재미있는 인생이 아닐까?

얼마 전 만난 친구들 모임에서 은퇴 이야기가 나왔다. 나이가 나이인지라 이제 어디서든 나이 이야기하기가 즐겁지 않다. 아직 은퇴를 한 친구는 없지만 머지않은 미래에 닥칠 일이라는 것을 모두 공감한다. 불안한 미래에 대해 답도 없는 대화가 오고가는 와중에 누군가 질문을 던졌다.

"만약 지금 하고 있는 일을 그만두어도 동일한 월급을 준다고 하면 일을 그만둘 거야?"

재미있는 것은 너무 힘들어 당장이라도 은퇴하고 싶다고 타령하던 친구들이 막상 이 질문에는 즉답을 못한다는 것이었다.

"월급을 준다잖아? 그냥 쉬는 게 낫지 않아? 스트레스 안 받고?"

그래도 서로 빙글빙글 웃으며 얼굴만 쳐다본다. 누구에게나 일이라는 것은 이렇게 소중한 법이다.

그때 나는 내가 얼마나 일을 좋아하는 사람인지 깨달았다. 나는 늘어가면서도 끊임없이 일을 하고 싶다. 은퇴한 나이임에도 불구하고 현역으로 계속 일할 수 있다면 그것만큼 큰 영광이 있을까? 물론 70세, 80세에도 현역으로 뛸 수 있다는 것은 막연한 희망만으로 되는 것은 아니다. 아직 젊은 날인 오늘 이 시간을 어떻게 보내느냐에 따라 결과가 달라질 것이다. 그래서 오늘이 더욱 소중하다. 세상에 환영받는 현역 할머니가 되기 위해 오늘 좀 더 진지하게 전진해 보련다. 예쁜 전원주택에서 재미있게 늘어가는 내 모습을 생생하게 떠올려 본다.

03

세계를 무대로
은퇴설계 코칭의 대모 되기

얼마 전 한 카페에서 선배를 만났다. 작년에 퇴직하고 연락 한 번 없더니 드디어 뭔가 준비를 시작하려는 모양이다.

"이제 슬슬 일을 시작해야겠는데 내가 경험이 없어서 말이야. 베이커리는 어때? 우리 딸들도 좋아하는 이탈리안 레스토랑을 해볼까? 아니면 내가 아는 일식조리사가 있는데 아담하게 참치 집은 어떨까?"

선배의 이럴까 저럴까 하는 말 속에는 본인 역할이 쏙 빠져 있었다. 오픈해 놓고 마감 때 수금만 하겠다는 것이었다. 어떻게 모양 빠지게 직접 매장에서 일을 하냐는 것이다. 게다가 명색이 대기업 전무 출신인데 본인이 일을 하지 않더라도 남에게 보여 줄 때 폼 나는 매장이라야 한다나? 그는 배달 치킨 집에서 닭 튀기는 자신은 생각도 할 수 없다며 손을 내젓는다. 나는 진심으로 선배를 사랑하는 마음으로 한마디 해 줬다.

"아무것도 하지 마세요!"

퇴직한 또 다른 선배는 청운의 꿈을 품고 대구에서 수출용 가방을 만들었다. 그는 영업이 점점 어려워지자 공장에 있는 야전 침대에서 자고 김치도 없이 코펠에 라면을 끓여 먹으며 1년을 버텼다. 그러나 결국 빚더미에 올라앉았다. 그는 퇴직 후 치열하게 일하던 3년 동안 살이 20kg이나 빠졌다. 함께 직장생활을 할 때 사람 좋은 이웃집 아저씨 같던 그가 이젠 아예 난민 분위기다. 후배들과 모처럼 마주한 저녁자리에서 그는 아직 덜 구워진 돼지고기를 허겁지겁 입에 넣으며 소주를 들이 붓는다.

"너희들, 회사에서 납작하게 엎드려 끝까지 버텨! 바깥은 지옥이야!"

나 참, 정글이라는 얘기는 들었지만 지옥이라고 할 것까지야.

"니들이 뭐라도 하면 잘될 것 같지? 확률 없어. 회사에서 야근하라면 불만이지? 나는 공장에서 20시간씩 휴일도 없이 일했는데 이 모양이다."

이어지는 이야기는 눈물 없이 듣기 어려운 선배의 실패스토리다. 쌓이는 술병만큼이나 한 말 또 하고, 한 말 또 하는 푸념을 지겹게 들어도 결론은 하나였다. 회사에서 얌전히 엎드려 있으라는 것이었다.

누군들 회사에서 끝까지 승진하며 보람차게 직장생활을 하고 싶지 않은 사람이 있을까? 다른 길은 전혀 경우의 수에 넣지도 않은 채 외길 회사생활을 하는 샐러리맨이 거의 대부분이다. 문제는 회사를 위해 평생 몸 바친 이들이 어느 날 아무 준비도 없이 낯선 세상으로 내몰리는 데 있다.

나 역시 마찬가지였다. 오직 경주마처럼 앞만 바라보고 쉬지 않고 달렸다. 직장생활 20년 끝에 여성으로서는 흔치않게 대기업 임원으로 승진까지 했다. 그러나 인생은 한치 앞을 내다볼 수 없는 법이다. 내 아들에게 느닷없이 찾아 온 공황장애 때문에 나는 하루아침에 내가 이 사회에서 이룬 것, 이루고자 했던 모든 것을 고스란히 내려놓고 아들을 붙잡았다. 그때는 제정신도 아니었고 그 방법이 최선이었다. 물론 후회는 없다. 덕분에 아들은 발병한 지 3년, 내가 일을 완전히 놓은 지 1년 만에 병으로부터 벗어났고 건강하게 대학생이 되었다. 더 바랄 게 없다.

그러나 물에 빠진 사람 건져 놓으니 봇짐 내놓으라고 한다는 말처럼, 이제 물에 빠져 죽을 뻔한 상황이 정리되니 신께 내 봇짐 어디 있냐고 묻고 싶어진다. 정신 차려 보니 하루아침에 세상 밖으로 내몰린 느낌에 가슴이 헛헛하다. 얼마 전까지만 해도 나는 늘 바쁘고 회사는 나를 중심으로 움직인다고 생각했다. 그러나 이제 세상은 나와 아무 상관없이 무심하게 돌아가고 있다.

"저기요, 나 여기 있는데… 유세미인데요. 이제 필요 없나요?"

나는 할 일이 없으니 도서관에 가서 하루 종일 책을 봤다. 세상에, 수많은 실직자들이 도서관으로 모인다는 사실을 처음 알았다. 대부분 중년의 아저씨들이었다. 책을 좋아하는 중년이 어디 그리 흔하랴. 대부분 그들은 5대 일간지를 펴놓고 하루를 버틴다. 몇몇 반백의 아저씨들은 그 나이에도 뭔가 자격증을 준비하는 모양이다. 앞뒤로 넘겨가며 시험 문제를 푸는 데 여념이 없다. 제발 잘되기를 바란다고 잘 알지도 못하는 그들을 향해 등 뒤에서 소리 없는 파이팅을 외친다.

나 하나도 스스로 주체가 안 되는 요즈음 사람 속도 모르고 전화는 많이도 온다. 희망적인 내용은 별로 없고 대부분이 퇴직한 선후배, 이미 퇴직해서 뭔가 하다 망한 선후배에, 앞으로 어떻게 하냐고 묻는 선후배들이다. 그걸 왜 나한테 묻냔 말이다. 그래도 '의리' 하면 자타공인 국가대표급인 나는 일일이 그들의 이야기를 듣고 같이 고민했다.

그러다 어느 날 문득 새로운 꿈이 생겼다. 오래도록 내 인생의 대부분을 차지했던 직장생활, 예정에 없던 퇴직, 수많은 회사 지인들의 파란만장한 실직스토리 그리고 인생 2막 준비 등 이 모든 경험들이 누군가에게 유익한 메시지가 될 수 있다면 좋지 않을까 하는 생각이 들었다.

나는 은퇴설계 코칭을 하고 싶다. 조기 은퇴가 트렌드인 요즘, 인생 2막을 멋지게 출발하는 건 정말 가슴 뛰는 일 아닌가? 나를 포함해 수없이 넘어져 봤던 많은 사람들의 스토리가 자양분이 될 것이다. 그리고 미리 계획하고 준비할 수 있는 인생 2막의 수백 갈래 길을 제시해 주고 싶다. 가장 중요한 것은 자신이 얼마나 무궁무진한 가능성을 가진 사람인지 알려 주는 것이다. 그들은 산도 들어 옮길 힘이 있는데 그 사실 자체를 모르고 있다는 점을 일깨워 주고 싶다.

그러기 위해서 나는 오늘 신발 끈을 조여 매고 달린다. 목표가 정해졌으니 도달할 때까지 지치지 않고 달려 나가는 일만 남았다. 은퇴설계 코치가 되기 위해 공부하고 연구하고 글을 써 나갈 것이다. 그리고 모든 이들의 인생 2막을 함께 설계할 수 있는 사람으로 성장해야겠다. 비단 한국만이 아니라 세계 모든 사람들을 껴안을 수 있는 거인이 되고 싶다.

그렇게 나는 세계를 다닐 것이다. 영화에서 보듯 나는 비행기 일등석에서 샴페인을 마시며 글을 쓰리라. 어떤 해에는 1년 중 절반을 하늘에 떠 있게 될 것이다. 그만큼 전 세계에서 나를 찾는 사람들이 많기 때문이다. 밀려드는 강연 요청으로 겉으로는 힘들다면서 속으로는 쾌재를 부를 것이다. 세계 곳곳의 많은 사람들이 나의 강연을 들으며 또 다른 꿈을 꾸고 소망을 이루어가면 얼마나 좋겠는가? 나는 세계에서 가장 영향력 있는 은퇴 설계 코칭의 대모가 될 것이다. 생각만 해도 나도 모르게 얼굴 가득 미소가 떠오른다.

지난밤 12시가 다 되어서야 돌아온 남편 손에는 도넛 박스가 하나 들려 있었다. 대체 이 밤중에 도넛을 사 오면 어떻게 하냐고, 다이어트를 도와주진 못할망정 안 그래도 뚱뚱해지는 마누라를 망칠 생각이냐고 잔소리를 했다. 하지만 나는 이미 도넛 하나를 덥석 베어 물고 있었다. 도넛 박스의 글귀들을 습관처럼 훑어 읽으며 말이다.

'Add color to your life'

그래, 바로 이거다. 나는 다른 사람의 인생에 아름다운 컬러를 덧입혀 주는 은퇴설계 코치가 되고 싶다. 그리고 세계를 무대로 내 인생도 더할 나위 없이 아름다운 색으로 완성해 나가고 싶다. 아름답고 황홀한 컬러의 내 꿈은 반드시 이루어질 것이다.

04

밀리언셀러
작가 되기

나는 책을 참 좋아하고 종류를 가리지 않는다. 고전 인문서적부터 경제서적, 소설, 시까지 다양한 장르의 책을 편식 없이 골고루 먹는 편이다. 도서관에서 우연히 빼 든 책이 놀라운 감동을 줄 때 복권을 맞은 것처럼 기분이 좋다.

좋아하는 작가의 글을 읽을 때면 참 행복하다. 그리고 그 작가와 오래전부터 잘 아는 사이 같은 느낌이 든다. 그 사람이 생각하고 있는 것에 대해 잘 알게 된다. 무엇을 가치 있다고 생각하는지, 어떤 일에 기뻐하며 슬퍼하고 감동받는지 독자로서 잘 알게 된다. 좋아하는 작가의 신간이 오랫동안 나오지 않으면 사랑하는 연인과 전화 한 통 없이 멀리 떨어져 있는 듯한 느낌이 들기도 한다.

그의 말과 생각이 그리워지니 말이다. 작가의 꿈은 그렇게 시작된 듯하다.

나는 김영하의 글을 읽을 때면 그의 글쓰기에 맹렬하게 질투를 느낀다. 바람처럼 읽히고 한번 붙잡으면 마지막 문장을 읽을 때까지 그에게서 헤어날 수가 없다. 성석제도 마찬가지다. 그보다 더한 이야기꾼이 이 세상에 또 있을까 싶다. 어떻게 하면 그렇게 다양한 이야기들을 샘물처럼 퍼 올릴 수 있을까?

안도현이나 정호승 시인의 책을 읽을 때면 갑자기 착한 사람이 되어 가고 있음을 느낀다. 내가 세상에서 느껴 보지 못한 순수함과 서정을 그들이 만들어 놓은 문장을 보며 촉촉하게 느낀다. 그들의 글에는 첫눈과도 같은 깨끗함과 새봄의 연한 초록빛 세상이 있다. 그들의 글을 통해 나오는 배고프고 어려웠던 시절의 이야기는 가난이 더 이상 가난이 아니고 궁색함이 더 이상 궁색하지 않다. 그저 따뜻하고 아름답다. 바로 작가의 힘이다.

최갑수나 이병률도 마찬가지다. 세계를 떠도는 여행 작가, 누구나 한 번쯤은 꿈꾸고 부러워하는 직업이 아닐까? 나는 얼굴 한번 보지 못한 그들과 함께 늘 여행을 떠난다. 스페인의 낯선 뒷골목을 헤매기도 하고 오사카의 변두리 시장 좌판에 펼쳐진 싱싱한 생선에 매료되기도 한다. 빨려들 듯 그들의 여행기에 정신을 쏟으며 가끔 그들에게 말을 걸기도 한다.

나도 그들처럼 작가가 되고 싶다. 백화점에서 험하다면 험한 유통생활 25년을 지내고 직장생활의 막을 내렸다. 이제는 다음 막이 올라갈 차례다. 그 무대 한가운데 작가로 변신하고 싶은 내가 서 있다.

나는 전 세계 사람들에게 선한 영향력을 끼치는 작가가 되고 싶다. 인생의 거센 풍랑 앞에 망연자실 쓰러져 있는 사람에게 다가가 여기가 끝이 아님을 이야기하리라. 어느 길로 가야 할지 모르는 갈림길에서 방황하는 이들에게는 함께 고민하며 길을 찾아 주고 떠나보내야겠다. 그 뒷모습을 응원하면서 말이다. 본인이 가지고 있는 놀라운 잠재력을 아예 생각지도 못하고 있는 사람들에게 그 원석을 꺼내면 반짝거리는 귀한 보석이 될 수 있음을 알려주고 싶다. 이 모든 것이 가치 있는 책을 통해 가능하다.

예전부터 드라마작가에 대한 호기심이 있었다. 특히 내가 좋아하는 드라마작가의 프로그램을 챙겨 보노라면 어떤 거창한 고전작품에 못지않게 인생을 꿰뚫는 통찰력이 곳곳에 넘쳐난다. 그런 드라마가 매력적이다. 드라마작가가 될 마음은 없지만 내가 쓴 책이 드라마나 영화로 만들어지는 상상을 가끔 해 보곤 한다. 내 책 속의 인물들이 현빈이나 공유가 되어 책 밖으로 걸어 나와 TV

에서 또는 스크린에서 살아 움직인다는 건 상상만으로도 너무 흥분되지 않는가?

언젠가 밀리언셀러가 된 내 책을 해외 여러 출판시장에 수출하고 싶다. 낯선 나라 낯선 곳에 사는 누군가가 내 책을 읽으며 나와 같이 울고 웃는다는 생각을 하니 가슴 벅차다. 나의 인생스토리에 그들이 용기를 낼 수도 있고 내 실패담을 읽으며 지름길을 찾을 수도 있다. 신간이 출판되면 나는 비행기를 타고 일본, 중국, 미국, 싱가포르, 홍콩, 인도네시아, 베트남을 다니며 출간 기념회를 할 것이다. 그곳에서 인터뷰를 하고 사인회를 열고 책을 소개하며 바쁜 나날을 보낼 것이다. 거기서 만나는 젊은이들에게 내 책 한 권이 살아가는 데 조금이라도 힘이 되었으면 좋겠다.

나는 책으로 한류의 한 축을 담당하고 싶다. 지금은 잠시 주춤하지만 다시 세계적으로 불을 지필 한류에 부응하며 K-POP처럼 K-FOOD가 점점 대세를 이루어갈 것이다. 이때 한국 음식에 관한 나만의 독특한 에세이로 세계 여러 나라 사람들이 한식의 매력에 빠지게 되면 얼마나 신나겠는가? 부산 자갈치 시장에서는 싱싱한 꼼장어가 연탄불 위에서 몸을 비틀며 익어가고 매운 연기가 골목을 왁자지껄 채운다. 그 싱싱한 맛과 활기찬 시장을 그려내는 것이다. 찌그러진 양은 냄비에 빨갛고 맵게 볶아내는 조방낙지의 서정적인 맛을 어떻게 하면 제대로 표현할 수 있을까?

젊은이들로 가득한 명동이나 광화문거리, 서촌이나 북촌의 이

지적이고 정감 넘치는 좁은 골목, 작은 창으로 내비치는 따뜻한 불빛을 내 글에 담고 싶다. 또 뉴욕이나 도쿄의 화려함을 잠재우는 청담동 거리의 빛나는 우아함도 말이다. 이런 보석 같은 풍경을 제대로 가공해 세계의 독자들을 한국의 다양한 모습들과 사랑에 빠지게 하고 싶다. 반드시 그런 날이 오리라.

나는 개인저서 이외에도 5대 일간지에 나만의 칼럼을 쓰고 싶다. 마감시간에 쫓기고 극심한 스트레스를 호소하는 직업이라지만 칼럼니스트는 내가 동경하는 또 다른 직업이다. 지금은 실력이나 모든 면에서 당연히 부족하지만 일단 쓰겠다는 목표를 가지고 치열하게 꿈을 꾸면 이루어질 거라 믿는다. 뭐든 찾고자 하는 사람이 얻기 마련 아닌가? 직장이든, 돈이든, 사랑이든, 길이든 말이다. 로또도 가게 문을 밀고 들어가서 사야 당첨이 되지 당첨되면 좋겠다고 막연히 생각만 한다고 되지 않는다.

내가 좋아하는 작가 이외수는 한 인터뷰에서 "글이 잘 써지지 않으실 때 어떻게 하십니까?"라는 질문에 "써질 때까지 그대로 앉아 있습니다."라고 답했다. 다른 작가도 자신의 글에서 작가의 어려움을 담담히 얘기했다.

"모르는 사람들은 작가가 여행이나 다니고 술이나 마시면서 한가하게 글을 쓰는 줄 안다. 그러나 많은 작가들은 일정한 시간에 출근해 일정한 공간에서 하루 8시간씩 꼬박 글을 쓴다. 생존을 위해 쓴다. 글을 쓴다는 것은 절대 낭만이 될 수 없다."

조정래 작가는 인세만 100억 원대에 이른다고 한다. 한국 최고의 작가 반열에 올랐다. 그런 그가 인생을 글 감옥이라고 말했다. 평생 하루 14시간씩 글을 쓰기 위해 술도 마시지 않고 여행도 다니지 않는다고 한다. 작가가 된다는 것은 로맨틱하지 않다. 낭만이 아닌 치열한 현실이고 무던한 고난이다. 그래서 더 매력적이다. 도저히 넘을 수 없을 것처럼 험준한 산 앞에 서 있지만 가슴이 뛰는 느낌이랄까.

글을 쓴다는 것은 나를 태우는 것이다. 자기가 불타오르지 않으면서 남을 태울 수는 없다. 끝없이 타올라서 하얀 재가 될 때까지 남김없이 타오를 때 그때서야 비로소 읽는 사람은 감동을 받는다고 한다. 글 감옥에 수십 년을 갇혀 있는 작가들의 이야기가 무시무시하기도 하지만 한없이 공감된다. 이 글 감옥에서 행복하게 성장하리라. 나의 이야기를 지구 반대편 끝에 사는 젊은 청년들이 읽고 가슴 뛰게 만드는 글을 쓰고 싶다. 그리고 그들이 내 책으로 인해 조금씩 더 행복해지면 좋겠다. 이것이 바로 내가 밀리언셀러 작가가 되어야 하는 이유다.

05

더 나은 세상을 위한
'좋은 부모 센터' 설립하기

    나는 열정적으로 세상을 사는 소위 슈퍼맘이었다. 직장에서는 성공을 향한 열망에 하루도 쉬지 않고 폭주하는 기관차였다. 남들보다 더 빨리 더 높이 날아오르는 것이 인생의 목표라도 되는 양 앞만 보고 달려 남들보다 일찍 대기업 임원이라는 사회적 위치를 확보했다. 내가 바라던 성공을 거머쥐는 순간이었다.

    그러나 인생은 한치 앞을 내다 볼 수 없는 법이다. 회사에서 승승장구하던 나에게는 우수한 성적으로 부모를 기쁘게 하는 모범생 아들딸이 있었다. 그리고 자상하지는 않지만 성실한 남편도 있고 머지않아 더 넓은 아파트로 옮기겠다는 계획으로 부러울 게 없었다. 하루아침에 생각지도 못한 인생의 쓰나미가 덮치지만 않았다면 나는 인생을 그렇게 계속 교만하게 살아갔을 것이다.

어느 가을, 고등학교 2학년이던 아들이 갑자기 의식을 잃고 쓰러졌다. 호흡이 어렵고 발작이 계속되었다. 대학병원에서 온갖 검사를 진행한 결과 병명은 공황장애였다. 그것도 대한민국 상위 1%에 들 만큼 심각한 상태였다. 우울증과 강박증이 겹쳐진 이 병은 약을 먹는다고 갑자기 낫는 것도 아니고 수술을 해서 호전되지도 않는다. 그야말로 숨죽이고 장기간 버틸 수밖에 없는 병이었다.

그때부터 아들의 병과 기나긴 전쟁이 시작되었다. 아들이 먼저 학교를 자퇴했다. 그렇게 투병하다가 도저히 진전이 없자 나도 회사를 그만두었다. 내가 평생 이루고자 했던 모든 것을 내려놓는 순간이었다. 마음이 이렇게 갈가리 찢어지면 죽을 수도 있겠다 싶은 순간을 자주 겪으며 3년을 보냈다. 그리고 드디어 아들은 거의 완치 단계에 이르고 나는 다시 사회로 복귀를 준비한다.

그러나 예전처럼 단지 나만을 위한 뜀박질은 하고 싶지 않다. 내 아이와 3년에 걸쳐 투병한 세월을 다른 부모들과 나누고 싶다. 왜냐하면 대한민국 부모들은 내가 그랬듯 자신들이 어떻게 해야 좋은 부모가 되는지 모르고 살기 때문이다. 그리고 이 땅의 아이들을 행복하게 키우기 위해서 우리가 무엇을 해야 하는지 결단해야 한다고 이야기해 주고 싶다. 그것이 더 좋은 세상을 위해 내가 할 수 있는 일이기 때문이다.

예전에 백화점에서 근무할 때의 일이다. 한 고객이 불만을 제기했다. 상황은 이랬다. 매장 한편에 낮은 수족관이 있었는데 이를 신기하게 본 세 살짜리 아이가 옆 화분 안에 있던 작은 돌멩이로 헤엄치는 금붕어를 때려 맞추며 놀았다. 당연히 직원은 제지했고 이를 바라보던 아이 엄마가 목에 핏대를 세우며 왜 아이 기를 죽이냐는 항의였다.

철없는 부모가 문제다. 아이나 부모가 다 철이 들지 않으면 답이 없다. 이런 현상은 세대와 상관없이 어디서나 쉽게 볼 수 있다. 대학생 아르바이트생이 갑자기 결근하면 그 학생의 엄마가 전화한다. 감기에 걸려서 출근을 못한다고 말이다. 급여에 대해 불만이 있어도 엄마가 대신 따진다. 이처럼 백화점에 근무하다 보면 고객에서 직원까지 못 말리는 부모를 많이 본다.

같은 동네 사는 후배가 밤 10시가 넘어 전화를 했다. 고등학생 아들이 담배를 사다가 걸려서 경찰서에 데리러 갔다 왔다고 한다.

"편의점에서 담배를 사니 신분증을 내놓으라 하더래. 기다렸다는 듯이 주워 놓은 신분증을 내민 거지. 그 편의점 주인은 또 무슨 정의감이니? 애를 경찰서에 넘긴 거야. 진짜 내가 못살아!"

1년에 100일이 넘는 지각 횟수로 선생님까지 두 손 두 발 다 들게 만든 아들은 수시로 말썽을 피우고 가출을 감행했다. 아들보다 이른 시간에 출근해야 하는 후배는 속이 까맣게 타들어가면서도 지각하지 말라는 말로 닦달하는 것 외에는 방법이 없다. 아이의 지각이 마치 엄마 자신이 뭔가 잘못해서 일어난 일인 양 죄인이 되어 버렸다.

또 다른 후배는 그 무섭다는 중학교 2학년 아들을 키우고 있다. 아들은 벌써 키가 180cm를 넘기고 몸무게가 100kg에 육박한다. 공부도 엄마와의 대화도 담쌓았다. 매일 게임에만 매달리고 엄마가 방에 들어와도 아는 척을 안 한다. 머리도 안 자르고 제대로 씻지도 않는다. 보다 못해 치약 바른 칫솔을 내밀면 내일 닦겠다고 놔두란다. 후배는 복장이 터져 돌아버릴 지경이다.

"나는 엄마 자격이 없나 봐. 애가 감당이 안 돼. 나랑은 말도 안 하고 공부도 안 해. 어떻게 해야 돼? 뭐가 잘못된 거야? 어디서부터 어떻게 바로잡아야 하는 걸까?"

아들 때문에 3년 동안 산전수전 공중전을 두루 섭렵한 나로서는 그들의 고민이 그저 귀여울 뿐이다. 사실 따지고 보면 후배들의 눈물바람은 아이들이 자신의 기준에 맞는 자식이 아니라는 데 있다. 무엇보다 그게 본질이다. 내가 정해 놓은 기준에 너무 딱 들어맞아 뒤통수를 된통 맞은 내 입장에서 이야기하자면 그 아이들은 지극히 자연스러운 청소년기를 거치고 있을 뿐이다. 중·고등학교 때 뭐든 저 해 보고 싶은 대로 삐죽삐죽 튀어나가는 것이 그리 나쁠 것도 없고 심각할 일도 아니다. 오히려 삐죽 튀어나오는 부분을 싹둑 자르지 못해 안달하는 부모가 문제다.

이런 후배 몇몇만 모여도 누가 더 속 썩이는 자식인지 배틀을 벌인다. 단연 압승은 회사후배 A의 둘째 딸이다. 중학교 때부터 일주일씩 가출은 기본이고 소위 청담동파 노는 중학생이었다. 찜질방과 24시간 패스트푸드점, 커피전문점이 주 무대이고 경우에 따라서는 동대문시장에서 밤을 새우기도 했다. 가출한 아이들의 부모들이 연합해서 찾아다니고 아이들은 부모들을 피하기 위해 카페 화장실의 창문을 넘어 도망치는 액션 추격전까지 펼쳤다. 후배가 둘째 딸을 위해 흘린 눈물이 차고 넘쳐 강이 되어 흐를 무렵 아이는 우수한 성적을 거머쥐고 보란 듯이 중국으로 유학을 갔다.

아이들은 다 다르다. 백 명이면 백 명 다 그렇다. 그러나 부모들은 그 다름을 인정하지 않는다. 다름을 잘못으로 규정하고 걱정하며 돌려놓으려 한다. 그래서 항상 문제가 생긴다. 기다려주면 될 일도 미리 닦달해 그르친다. 보석처럼 빛나고 있는데 공장에서 찍어내는 규격품을 만들지 못해 안달이다. 공부 잘하고 말 잘 듣는 착한 아이만이 소원이고 성공적인 자식농사의 결과라고 생각한다. 결국 그런 조바심이 아이를 망친다. 대한민국이 부모들과 합세해서 아이들을 불행하게 만든다.

가까이에 있는 내 후배들만 해도 자신의 아이에게 어떻게 해야 좋을지 몰라 쩔쩔맨다. 말썽을 피우면 말썽을 피우는 대로 잔소리를 했다가 협박을 했다가 울고 짠다. 공부를 잘하면 잘하는 대로 더 잘하라고 욕심껏 밀어붙인다. 소위 말 잘 듣는 모범생이면 마음을 탁 놓고 아이가 보내는 사인에 귀 기울이기를 게을리한다. 어떤 상황에서도 완벽한 부모는 없다.

나는 머지않은 미래에 '좋은 부모 센터'를 설립하고 싶다. 내가 꿈꾸고 있는 좋은 부모 센터는 말 그대로 행복한 아이를 키우는 엄마, 아빠를 길러내는 곳이다. 좋은 부모는 어떻게 될 수 있는지 함께 생각하면서 말이다. 다른 말로 '성숙한 부모 사관학교'라고 할까? 이 시대에 반드시 필요한 곳이라고 믿고 있기에 나는 꿈꾸는 것만으로도 마음이 설렌다.

좋은 부모 센터는 케이스별로 다양한 상황에 놓인 아이들을 위해 존재할 것이다. 나는 부모들에게 아이가 보내는 사인을 통해 내면의 소리에 귀 기울이라고 이야기하고 싶다. 아이가 행복해지기 위해 부모가 어떻게 마음을 바꾸어야 하는지 설득할 것이다. 아이에게 어떻게 해 줘야 할지 방법을 몰라 울고 있는 엄마들을 위로하고 길을 제시할 것이다. 생각만 해도 마음이 벅차다.

좋은 부모 센터는 결국 세상의 모든 아이들이 더 행복해지기 위한 작은 주춧돌이 될 것이다. 내가 반드시 이룰 무지갯빛 꿈이다. 나의 꿈을 통해 더 나은 세상이 되리라 믿는다.

PART 3

꾸준히 공부하고 글 쓰며 행복하게 꿈꾸기

윤영숙

윤영숙

'(주)가자제주렌트카' 이사, 자기계발 작가

결혼 후 16년째 남편과 함께 렌터카 회사를 운영 중이다. '내 일(job)' 속에 '내일(tomorrow)'이 있다
고 믿고 항상 목표를 세우고 꿈을 향해 노력하는 슈퍼우먼이다. 일과 진정한 휴식이 있는 생활을 위해
오늘도 열심히 일하고 있다. 현재 개인저서를 준비 중이다.

E-mail tazoumma@naver.com
Blog blog.naver.com/tazoumma

01

3개 국어
자유롭게 구사하기

　나는 작년에는 중국, 올해 초에는 일본으로 아이들과 함께 짧은 여행을 다녀왔다. 단체여행으로 가긴 했지만 우리는 숙소에 도착하자마자 주변을 돌아다니며 쇼핑을 하고 먹거리도 찾아다니며 우리만의 즐거운 시간을 보냈다.

　딸은 여행을 다녀오고 나서 한참 지난 후에도 기억에 남는 것은 유명 관광지에 갔던 것보다 일본인 노부부에게 길을 안내받으며 같이 걸었던 10~20분의 시간이라고 했다. 그리고 중국의 편의점이나 길가 노점에서 만났던 친절한 중국인 점원과의 추억이 더 기억에 남는다고 했다. 모두 우리끼리 개별적으로 다닐 때 만났던 사람들이다.

"엄마는 정말 중국사람 같아!"

"엄마는 중국어도 잘하고 일본어도 잘하고 정말 대단해!"

아이들은 내가 일본어와 중국어를 정말 잘하는 줄 안다. 하지만 그건 어디까지나 기초적인 수준에 불과하다. 우리가 외국인들이 한국어로 말하면 신기해하며 관심을 가지는 것처럼 현지인들역시 나에게도 반가운 마음에 친절하게 응대해 준 것뿐이었다.

내가 일본에서는 일본어로, 중국에서는 중국어로 말하니 아이들 눈에는 엄마가 능력자처럼 보이는 모양이었다. 으쓱한 기분이들었지만 나의 실력은 딱 거기까지임을 스스로 잘 알고 있다.

나는 중국어과를 졸업하고 호텔 식음료부에서 5년 정도 근무했다. 당시만 해도 내가 근무했던 G호텔의 고객은 일본인 단체관광객이 대부분이어서 기본적인 일본어는 자연스럽게 익히게 되었다. 또 금요일 오후에 도착하는 대만 카지노 고객들 덕분에 중국어도 조금씩 사용할 기회가 있었다. 그러나 식음료 부서에서 일하면서 내가 사용했던 어휘는 사실 많지 않았다. 고객들이 주로 찾는 메뉴를 주문받을 수 있을 정도의 수준이었다. 직원들 중에는일본에서 유학한 경험이 있어서 일본어를 잘하는 직원들도 많고 그들이 자연스럽게 고객들과 대화를 나누는 것을 보면 굉장히부러웠다.

호텔에서 실습기간이 끝난 신입사원 시절에 한가한 오후 근무를 할 때의 일이다. 그때 식당에는 일본인 고객 한 분이 늦은 식사를 하고 있었다. 그 고객은 대기 중이던 나에게 물을 달라고 했다. 나는 단어를 확실하게 알아듣지는 못했지만 느낌으로 물을 찾는다고 생각하고 찬물을 한 잔 가져다 드렸다. 그런데 고객이 다짜고짜 나에게 화를 냈다.

"내가 따듯한 물을 달라고 했지, 언제 찬물 달라고 했어?"

그랬다. 나는 따뜻한 물이라는 일본어를 알아듣지 못했고 그냥 습관적으로 찬물을 가져다 드린 것이었다. 죄송하다는 나의 말에 고객이 한마디를 더했다.

"미안한 줄 알면 공부를 해! 이런 간단한 말도 못 알아들으면서 어떻게 호텔에서 일하는 거야?"

그때 다행히 선배, 동료들은 없었고 지배인님이 앞쪽에 계셨지만 멀리 떨어져 있어서 그 상황을 눈치 채지 못하셨다. 손님이 나가고 난 후 처음에는 창피함보다는 억울한 마음이 앞섰다. 하지만 퇴근하면서 곰곰이 생각해 보니 고객의 말이 맞았다. 나는 다음 날부터 바로 일본어 학원에 등록해서 열심히 공부를 했고 사내에서 실시하는 무료 교육에도 적극적으로 참여했다.

일본어에 대한 두려움이 없어지자 휴가 때 혼자서 일본에서 공부하고 있는 친구를 찾아갈 정도로 용감해졌다. 친구가 공항으로 마중 나오기로 했다가 일이 생겨서 못 나오게 되었지만 주소만 들고 친구의 집을 찾아갈 수 있었다. 그때의 뿌듯했던 기억은 지금도 잊을 수가 없다. 중국에 갈 때도 혼자서 비행기 표만 예약하고 아무런 준비 없이 비행기를 타고 씩씩하게 목적지를 찾아갔다. 지금 생각해 보면 정말 무식하게 용감한 행동이었다.

공부한 기간으로만 보자면 영어는 훨씬 더 오랫동안 공부했지만 나는 벙어리나 마찬가지다. 영어를 해야 하는 상황이 생기면 어떻게든 자리를 피하고 싶은 생각뿐이다. 그리고 아무리 쉬운 문장도 머릿속에서만 맴돌 뿐 입 밖으로 내뱉지를 못한다. 매년 나의 신년 계획에 빠지지 않고 등장하는 것 중 하나는 영어 회화 공부다. 영어만 잘하면 소원이 없겠다는 생각이 들 정도다. 그러나 항상 마음속으로만 생각하고 다짐할 뿐 실행에 옮기지는 못하고 있다.

나는 지금 제주도에서 남편과 렌터카 회사를 운영하고 있다. 제주도에는 수많은 관광객이 찾아온다. 외국인 관광객도 개별적으로 오는 사람들이 많아 직접 렌터카를 빌려서 다니는 경우가 많다. 전에는 고객들이 모두 공항에서 차를 인수하고 반납하는 경우가 대부분이었기 때문에 내가 직접 고객을 만나는 일이 거의 없었다.

그런데 작년 9월부터 제주공항의 주차장 부족사태로 인해 법적으로 공항주차장 내에서 렌터카를 빌려줄 수 없게 되었다. 그래서 제주도 내 모든 회사들이 셔틀버스를 운행해서 고객들을 각자의 회사로 픽업하게 되었다. 그러면서 자연스럽게 외국인을 대하는 기회가 훨씬 많아졌다. 그럼에도 불구하고 자신이 없으니 외국인 손님이 오게 되면 자꾸 다른 일을 하는 척 하면서 그 상황을 피하려고 하는 내 모습이 한심스럽다.

외국어는 자신감이다. 어차피 외국인들도 우리가 자기네 나라 말을 완벽하게 할 거라고 기대하지 않는다. 가끔 일본인이나 홍콩인들이 렌터카를 빌리러 오는 경우가 있는데 그들에게 일본어나 중국어로 설명을 해 주면 너무 좋아하고 고마워한다. 우리도 외국에 갔을 때 외국인이 한국말로 "안녕하세요?"라고 한마디만 해 줘도 반갑고 기분이 좋아지는 것과 같은 이치다. 머릿속으로만 생각하지 말고 일단 입 밖으로 내뱉어 보자. 문법적으로 맞든 틀리든 신경 쓰지 말고 일단 아는 단어라도 소리를 내어서 말해 보는 것이 중요하다.

나의 버킷리스트 중에는 많은 곳을 여행하는 것도 포함되어 있다. 이 꿈을 이루기 위해서 영어는 필수다. 회사에 외국인이 오면 영어를 연습할 기회가 생겼다고 생각하고 자신 있게 먼저 나설 것이다. 그러기 위해서 기본적인 준비도 하고 공부도 해야겠지만 가장 먼저 생각을 바꿔야 한다. 틀리면 어떡하지, 잘하지도 못하는데 괜히 나섰다가 창피만 당하면 어쩌지 하는 생각을 버리고 당당하게 임할 것이다. 설령 틀리면 어떤가? 전 세계인의 공용어인 보디랭귀지가 있는데 말이다.

내 친구인 A는 아직도 G호텔에서 근무하고 있다. 벌써 근무연수가 20년이 넘었다. A도 나와 같은 중국어과를 졸업했고 꾸준히 공부를 하면서 사내 교육도 했다. 그리고 결혼을 하고 아이를 키우면서도 능력을 인정받으며 호텔리어로서의 삶을 살고 있다. 가끔 그 친구를 만나면 가장 스트레스받는 부분이 영어라고 한다. 특1급 호텔이라 외국인들이 많기 때문이다. 게다가 요즘 신입사원들이 다들 영어를 잘한다고 한다. 영어로 회의를 하는 경우도 많아서 정말 힘들다고 하는데 지금껏 잘 버티는 걸 보니 나름대로 열심히 하고 있는 것 같다.

한편으로는 어쩔 수 없이 공부를 해야 하는 A의 상황이 부럽기도 하다. 어떤 계획이든 가장 절실할 때 제일 열심히 할 수 있는 거니까. 그래도 본인이 하고 싶어서 하는 것이 가장 좋고 효과가 빠를 것이다.

외국어는 쓰지 않으면 금방 잊어버리게 된다. 나 역시 그나마 조금할 수 있었던 일본어와 중국어도 거의 잊어버린 상태. 나의 생활에서 외국어를 자연스럽게 접할 수 있는 환경을 만드는 것이 중요하다는 생각이 든다. 딸아이는 중학교에서는 제2외국어로 중국어를 배웠고 지금 고등학교에서는 일본어를 배우고 있다. 내가 가끔씩 한마디씩 말을 하면 일본어 선생님과 똑같다며 비행기를 태운다.

　더 크고 넓은 세계를 향해 나아갈 나와 아이들의 미래에 외국어는 선택이 아닌 필수다. 나는 3개 외국어를 자유롭게 구사하며 아이들과 함께 세계 곳곳을 여행할 것이다. 단순한 여행객이 아닌 현지인들과 어울려 자유자재로 대화하고 있는 모습을 상상하는 것만으로도 기분이 좋아진다.

02

나만의 서재가 있는
타운 하우스 갖기

나는 아파트 모델하우스를 둘러보는 것을 좋아한다. 전에는 누가 모델하우스를 구경하러 가자고 해도 '내가 그 집을 살 것도 아닌데 뭐하러 시간 낭비하며 가나?'라는 생각을 했었다. 그런데 우연히 들렀던 J아파트 모델하우스를 보면서 나도 정말 저런 집에서 살고 싶다는 생각이 들었다. 그 후로도 기회가 있을 때마다 모델하우스를 보러 다니며 나중에 내가 집을 짓는다면 이런 것을 참고 해야지 하며 머릿속에 하나씩 폴더를 채워 나갔다.

아파트도 시대에 따라 유행이나 트렌드의 변화가 빠르고 점점 더 고객의 니즈를 잘 반영하며 발전하는 모습이 눈에 띈다. 몇 년 전 그렇게 마음에 들었던 집의 구조가 이제는 그저 평범한 집이 되어버린 경우도 있다. 그리고 정말 어떻게 저런 생각을 했을까 싶게 나의 마음을 사로잡는 새로운 스타일의 건축물이 속속 생겨나기도 한다. 나는 모델하우스와 TV, 잡지 등에서 봐왔던 멋있고 편안한 집의 모습을 토대로 언젠가는 나에게 꼭 맞는 드림하우스를 짓겠노라고 다짐을 하곤 한다.

나에게 집이란 단순한 주거 공간 이상의 의미를 갖는다. 물론 다른 사람들도 마찬가지겠지만 나에게 집은 어떤 럭셔리한 호텔보다 더 편하게 쉴 수 있는 공간이다. 그 누구에게도 방해받지 않고 나만의 생활을 누릴 수 있는 곳이기를 바란다. 그리고 말로는 표현하기 힘든 에너지와 플러스알파가 있는 곳, 그것이 내가 바라는 이상적인 집이다.

어렸을 적 이 집 저 집을 전전하던 우리 가족은 내가 초등학교에 입학할 즈음 과수원이 딸린 집으로 이사를 하게 되었다. 부모님께서 주거가 해결되는 과수원 관리인을 하기로 결정한 것이다. 우리는 식구가 많았는데 그곳엔 방이 달랑 한 개밖에 없었다. 아버지께서 직접 나무판자며 벽돌 등을 이용해 우리가 생활할 수 공간을 만들어 주셔서 그나마 흥부네 가족처럼 단칸방 생활은 하지 않았다. 하지만 불편하고 협소한 그 집에서의 기억은 지금도 생각하고 싶지 않다. 내가 살았던 집은 마을과 떨어져 있는 외딴 곳이었고 학교에 갈 때도 하루에 몇 번만 운행하는 버스를 타고 다녀야 했다. 거의 대부분의 아이들이 걸어서 학교에 다녔고 서로의 집안 사정까지 훤히 알던 그런 시절이었다.

그때는 친구들의 부모님 대부분이 농사를 짓는 경우가 많았고 친구네 집에 가도 우리 집과 달라 보이는 점을 별로 찾지 못했기 때문에 우리 집 형편이 어렵다는 것을 크게 느끼지 못했던 것 같다. 그러다가 초등학교 4학년 때 친구인 S네 집에 가게 되었다. S와 나는 같은 반도 아니고 별로 친한 사이도 아니었는데 왜 그날 그 집에 가게 되었는지는 기억이 나지 않는다. 그렇지만 S의 집을 다녀오고 나서의 충격은 내가 어른이 되고 난 후에도 잊혀지지 않았다. 아마 내가 난생 처음으로 접한 문화적 충격이었기 때문일 것이다.

S네 집은 학교에서 걸어서 10분 정도의 거리에 있었다. 대문에서 집까지 잘 정돈된 정원을 지나 한참을 걸어가야 했고 현관문을 여니 '우와, 이런 집도 있구나!' 하고 눈이 휘둥그레졌다. 마치 TV에 나오는 부잣집의 거실을 그대로 옮겨 놓은 것 같았다. 그런데 그게 전부가 아니었다. 거실을 지나 친구의 방으로 갔는데 엄청나게 넓은 공간에 한쪽으로 침대가 놓여 있었다. 그리고 가운데 미닫이문을 여니 학교 교무실의 선생님 책상보다 더 커다란 책상 세 개가 ㄱ자 모양으로 놓여 있었다. 벽에는 온통 책으로 가득 찬 책장이 벽면 가득 천장까지 닿아 있었다. 바로 친구의 공부방이었다.

우리 집과는 너무도 다른 모습에 저절로 주눅이 들어서 친구

엄마가 가져다주신 간식도 제대로 먹지 못하고 잠깐 있다가 도망치듯 그 집을 나왔다. 열한 살밖에 안 된 꼬마의 머릿속에서도 그 집이 얼마나 부러웠던지 그리고 우리 집이 얼마나 초라하게 생각되었는지 모른다. 우리 집에는 벽면을 가득 채운 책장은 고사하고 그 흔한 책상 하나조차 없었고 읽을 책이라곤 학교에서 나눠 주는 교과서가 전부였다. 귤을 넣는 나무상자를 엎어 놓고 그것을 책상 대용으로 사용했었다. 그마저도 두 개를 놓을 공간이 없어서 나는 그냥 엎드려서 숙제를 하거나 언니가 없을 때 언니 책상을 몰래 사용하곤 했다.

S는 공부를 아주 잘했고 S와 언니, 오빠까지 3남매 모두 서울대를 졸업했다. 친구가 박사학위까지 받았다는 것을 몇 년 전 지역 신문을 통해 알게 되었다.

언제부터인가 나는 항상 책과 함께하는 생활을 꿈꿔왔다. 기회가 된다면 나만의 서재에서 책을 읽고 글을 쓰며 살고 싶었다. 그래서 결혼 7년 후 지금의 집으로 이사 왔을 때 가장 먼저 한 것이 방 한쪽 벽면에 책장을 짜 넣는 것이었다. 그러나 그 방은 나의 방이 될 수 없었고 책장에도 나의 책이 아닌 아이들의 교과서, 참고서, 기타 물건을 정리해 놓는 수납공간이 되고 말았다. 한동안 주부들 사이에서 자기만의 공간 갖기 열풍이 불었을 때는 나도 식탁 한구석에 미니 책꽂이를 가져다 놓고 나만의 책을 읽으며 시간을 보내기도 했다.

　나는 책 읽는 것을 좋아했지만 직접 사서 보는 책은 많지 않았다. 주로 집 근처 도서관에서 제목과 목차를 보고 괜찮다는 생각이 들면 몇 페이지 읽어 보고 나서 빌려오는 식이었다. 1회에 다섯 권까지 2주간 대출이 가능했기 때문에 최대한 그 기간 내에 다 읽으려고 노력했다. 그러나 나의 책이 아니다 보니 책을 접을 수도 없었고 메모를 할 수도 없어 그저 눈으로만 읽게 되었다. 그래서 집중하지 않고 대충 읽는 경우가 많았다. 같은 책을 여러 번 읽으면서도 나중에야 "아! 이거 내가 전에 읽었던 책이구나!" 하는 경우도 종종 있었다.

　그러다가 책을 직접 사서 읽으니 책에 읽은 날짜도 표시하고 마음에 드는 문장에 밑줄도 그으면서 책 읽는 것에 더 집중할 수도 있었다. 그리고 한두 권씩 책이 늘어나게 되자 오래전부터 생각해 왔던 나만의 서재에 대한 꿈을 다시 꾸게 되었다.

　일본의 베스트셀러 작가인 모치즈키 도시타가는 《당신의 소중한 꿈을 이루는 보물지도》라는 책에서 마음속에 있는 '흐릿한 소망'을 눈앞에 '명확한 이미지'로 나타내는 것이 보물지도의 역할이라고 말한다. 또 보물지도와 같은 방법으로 '사진 활용 성공법'이라는 방법을 소개했다. 꿈과 소망이 이미 이루어졌다고 생각하고 그 장면을 사진으로 모아 항상 휴대하거나 잘 보이는 곳에 붙여 놓고 계속 보게 되면 목표를 향해 열정적으로 전념할 수 있고 나중에는 마침내 꿈을 이룰 수 있게 된다고 했다.

이전에도 이렇게 꿈을 종이에 적고 시각화하게 되면 그렇지 않은 사람들보다 훨씬 빨리 꿈을 이룰 수 있다는 말을 여러 번 들어왔지만 '에이, 설마?' 하는 생각과 그런 것은 단지 몽상가들이 주장하는 이론에 불과하다고 생각하며 실천을 미뤄왔었다. 그러던 내가 여러 성공 자들의 모습을 보고 또 그들의 경험담을 믿고 나 자신만의 보물지도를 만들게 된 것은 정말 큰 행운이었다.

우리 가족은 한 달 전 새 집으로 이사를 했다. 내가 그토록 꿈에 그리던 넓고 멋있는 우리 가족을 위한 드림하우스다. 집은 가족 개인의 취향에 맞게 설계된 독립공간과 가족 전체를 위한 공동생활 공간이 전체적으로 조화를 이루며 멋스럽게 꾸며져 있다. 그중에서도 내가 제일 좋아하는 나의 서재는 1층 거실 옆에 자리하고 있는데 이젠 나뿐만 아니라 우리 가족 모두가 좋아하는 공간이 되었다. 양쪽 벽면에 자리 잡은 책장에는 수많은 책들이 꽂혀져 있고 넓은 책상 위에도 읽다 만 책들이 여러 권 놓여 있다. 아이들도 그리고 남편도 이제는 책을 좋아하게 되어 책 읽는 시간이 많아졌을 뿐만 아니라 지금은 가족 모두가 한마음이 되어 가족 공동저서를 준비하고 있다.

내가 설레는 마음으로 나만의 보물지도를 만들어 벽에 붙이고 또 휴대전화 바탕화면으로 저장해 놓고 매일 쳐다보던 것이 불과 몇 년 전 일이다. 이렇게 그때 꿈꾸던 것을 이루고 새집으로 이사를 하게 되니 정말 꿈만 같다.

집이 넓고 멋있으니 자연히 찾아오는 지인들도 많아졌다. 마음이 통하는 사람들과 향기로운 커피를 마시며 함께 이야기를 나누는 시간은 너무도 행복하고 소중하다. 그들은 불과 몇 년 만에 엄청나게 달라진 우리 가족의 내적, 외적 변화에 놀라며 비법을 묻는 일이 많아졌고 나는 신나게 보물지도 만들기에 대해 열강을 한다. 우리 집을 다녀간 많은 사람들 또한 지금은 자신만의 보물지도를 만들며 행복한 꿈을 꾸고 있다.

나는 지금도 너무 행복하지만 나만의 서재가 있는 더 넓고 더 멋진 타운 하우스를 갖고 싶다. 혼자만의 시간을 충분히 즐길 수 있는 꿈의 서재를 나만의 보물지도에 담아 오늘도 생생하게 떠올려 본다.

03

임대수입만으로 생활비
걱정 없는 빌딩 주인 되기

우리 집 근처에는 금박(金朴)빌딩이라는 이름의 5층짜리 빌딩이 있다. 대단지 아파트 바로 앞에 위치해 있어 접근성도 뛰어나고 건물도 깨끗해서 임차인들에게 인기가 많은 건물이다. 나중에 안 것인데 금박빌딩이란 이름은 건물주 부부의 성을 한 글자씩 따서 만든 것이었다. 그 빌딩은 지하에는 태권도장, 1층은 약국과 휴대전화 대리점, 2층 소아과, 3층 치과, 4층 영어 학원 그리고 맨 꼭대기 5층엔 건물주의 개인 주택으로 되어 있다.

우리 가족은 지난 10여 년 동안 이 건물의 주요 고객이었다. 심지어 우리 아들은 원장님 아들과도 친하게 지내서 5층 집에까지 갔었다. 아들은 그 집에 다녀온 뒤 우리도 빌딩이 있었으면 좋겠다고 했다. 나는 "네가 커서 그런 빌딩을 지었으면 좋겠다."고 말하곤 했다.

건물주인 관장님 부부는 오랫동안 태권도장을 직접 운영하셨다. 관장님께서 태권도를 가르치고 사모님인 원장님이 상담 및 아이들 관리를 하셨다. 우리 아이들도 초등학교 기간 내내 둘 다 도장에서 살다시피 했다. 나도 자연스럽게 원장님과 이런저런 이야기를 나누며 육아문제뿐만 아니라 인생 전반에 걸친 조언을 많이 들을 수 있었다. 지금도 그 빌딩 앞을 지날 때면 나도 저런 빌딩 하나 가지고 있다면 얼마나 좋을까 하고 생각하곤 한다.

나는 예전에는 부동산에 전혀 관심이 없었다. 그냥 막연하게 건물이나 토지를 소유하고 싶다는 생각을 해 보긴 했다. 하지만 부동산이라는 것이 워낙 고가이기도 하고 왠지 가까이 하기엔 너무나 먼 존재라는 생각에 감히 다가갈 용기조차 가져 보지 못했다.

우리 부부가 맨 처음 우리 명의로 부동산을 가지게 된 것은 현재 살고 있는 아파트를 사게 되면서부터다. 결혼 후 우리는 그 전부터 남편이 살고 있던 집에서 신혼생활을 시작했다. 살림에 필요한 가구며 냉장고, TV, 세탁기 등 기본적인 것이 다 있었기 때문에 새로운 살림살이를 장만할 필요가 없었다. 그 집은 아주버님 명의로 된 집이었다. 아주버님 식구들이 직장관계로 오랫동안 타 지역에 있었기 때문에 그 집은 다른 형제들이 몇 년씩 살면서 본인들의 삶의 기반을 마련하는 데 많은 도움을 주었다.

결혼 초에 둘 다 여유가 없는 상태에서 집세 걱정 없이 살 수 있다는 것은 커다란 행운이었다. 집세를 내지 않고 살면 이론적으로는 1년에 최소한 집세만큼은 돈을 모아야 하겠지만 현실은 그렇게 되지 않았다.

어느 순간 이대로 있어서는 안 되겠다는 생각이 들었고 우리는 아주 우연히 집을 계약하게 되었다. 그때가 노형동에 대규모 아파트 단지가 들어서서 제주의 중심이 구제주에서 연동, 노형동으로 바뀔 때였다. 물론 거의 대출을 통해 해결했지만 그래도 그 시기에 내 집 마련을 한 것은 탁월한 선택이었다.

우리가 이사를 한 것은 큰아이가 유치원에 다니던 해 9월 1일 이었다. 회사에서 가까운 곳으로 이사를 하니 일단 출퇴근하는 데 걸리는 시간이 줄어들어 퇴근하면서 아이들 걱정에 발을 동동 구르는 일이 훨씬 적어졌다. 시기적으로도 큰아이가 초등학교에 입학하기 전에 이사를 해서 학교, 학원 등의 문제로 고민을 하지 않아도 되어 너무 좋았다.

그리고 이사를 하면서 모든 살림살이를 새로운 집에 맞춰서 장만해서 그런지 그제야 정말 내 집, 내 살림이라는 애착이 더해지게 되었다. 왠지 모를 마음의 평화는 덤으로 얻은 느낌이었다. 그리고 집을 마련하게 되니 부동산에 대한 막연한 두려움이 훨씬 줄어들었고 자기 집 하나는 있어야 된다는 어른들의 말씀도 피부로 느끼게 되었다.

사람은 비슷한 사고방식이나 환경에 있는 사람과 만날 때는 편안함을 느낀다. 반면에 자기보다 더 조건이 좋거나 능력이 뛰어난 사람과 만나면 불편하고 어색한 느낌은 있지만 무엇인가를 배우게 된다. 그러므로 익숙한 사람들과의 만남도 좋지만 내가 발전하기 위해서는 의식적으로 배우는 자세로 약간은 불편한 사람들과의 교류도 필요하다. 전에는 미처 느끼지 못했는데 관심을 가지고 주위 사람들을 보니 정말 많은 사람들이 부동산으로 돈을 벌고 있었다. 그냥 시골 촌부처럼 보이던 동네 아줌마가 건물을 몇 개씩 소유하고 있는 경우도 많았고 대규모 농장이나 축산업을 하고 있는 경우도 많았다.

제주도는 최근 10년 사이에 대형 건설사의 브랜드 아파트가 들어서기 시작했다. 영어교육도시에는 국제학교가 정착해 가면서 부동산 가격이 엄청나게 상승했다. 특히 지난 3~4년 사이에는 부르는 게 값이라고 할 만큼 미친 듯이 올랐다. 중국인 큰손들의 대규모 투자로 인해 제주도는 어디를 가나 공사 중인 건물들로 가득했다. 그리고 건설업의 호황으로 건설업 종사자의 인력난이 심해지자 현장에서 망치만 들고 있어도 돈을 주더라는 우스갯소리가 나올 정도였다. 거기다 웰빙 열풍으로 인해 소길댁 이효리를 비롯한 유명 연예인들이 제주도에 제2의 생활 터전을 잡은 것도 제주도 부동산 가격 상승에 한몫했다고 할 수 있다.

사람은 아는 만큼 보게 된다. 그것이 부동산이든 금융지식이든 사업기획이든 관계없이 평소 그 분야에 관심을 가지고 눈여겨보던 사람에게 기회가 생기는 법이다. 그저 하루하루 생활하는 데 급급해서 내일의 준비를 못하는 대부분의 사람들은 기회가 와도 잡을 수가 없고 "그냥 이렇게 사는 거지 뭐."라며 체념 아닌 체념을 하면서 살게 되는 것이다.

나는 어린 시절을 정말 어렵게 보냈기 때문에 항상 마음속으로 '나는 절대 우리 부모님처럼 살지는 않을 거야!'라고 다짐을 해 왔다. 물론 그때와 지금은 다른 점이 아주 많다. 부모님 세대에 비하면 우리는 경제적으로 엄청나게 풍요로운 생활을 하고 있다.

그런데 우리 아이들이 커서 살아가게 되는 사회는 어떨까? 우리 아이들도 마음속으로 '엄마처럼 살지는 않을 거야!'를 외치고 있을지도 모르지만 요즘 상황을 보면 엄마처럼 사는 것도 쉽지 않을 수 있겠다는 생각이 많이 든다.

우리가 어렸을 때는 출발점이 거의 비슷했지만 요즘 아이들은 부모의 경제력에 따라 초등학교 혹은 유치원 때부터 너무 다른 선상에서 출발하게 된다. 학년이 올라가고 나이가 들어갈수록 부모의 경제력에 따라 학교의 간판이 바뀌고 아이들의 꿈이 바뀌는 일은 너무도 흔한 일이 되어 버렸다.

남편은 가끔 아이들에게 말한다.

"엄마, 아빠가 이렇게 열심히 일하는 것은 모두 너희들을 위해서야."

나도 남편의 의견에 전적으로 동의한다. 그리고 하나를 더 붙여서 나는 반드시 경제적 여유뿐만 아니라 시간적 여유도 함께 물려주겠노라고 다짐을 한다. 우리는 살면서 돈이 돈을 벌어 주는 것을 많이 보게 된다. 단지 그것이 나에게 일어나는 일이 아니라 돈이 많은 다른 사람에게만 일어나는 일이라는 점이 안타까울 뿐이다.

영국의 젊은 백만장자이자 베스트셀러 작가인 롭 무어는 자신의 저서 《레버리지》에서 돈이 당신을 위해서 일하게 하라고 말한다.

"당신이 돈을 위해 열심히 일할 수도 있고, 돈이 당신을 위해 열심히 일할 수도 있다. 당신이 돈의 노예가 될 수도 있고, 돈이 당신의 하인이 될 수도 있다. 시간을 돈과 바꿀 수도 있고, 당신의 시간을 보존하면서 소득을 창출할 수도 있다. 현대 사회에서 개인의 선택지는 두 가지로 나뉜다. 레버리지하거나, 레버리지 당하거나…"

돈에 대한 그릇된 인식을 버리고 가능성에 제한을 두지 않는 부자들의 가치관, 신념, 태도를 배우고 따라 하다 보면 나도 머지 않은 미래에 근사한 빌딩의 주인이 되어 있을 것이다. 임대수입만 으로도 생활비 걱정 없이 살아갈 행복한 내 모습을 상상해 본다.

04

꾸준히 공부하고 글 쓰는
작가 되기

나는 요즘 들어 꿈에 대한 생각이 부쩍 많아졌다. 예전에는 아무 생각 없이 멍 때리고 앉아있는 시간이 많았다. 하지만 지금은 3년 후, 5년 후, 10년 후 나의 미래에 대해서 구체적으로 생각하는 시간이 많아졌다.

나는 그동안 어제와 똑같은 오늘을 보내고 작년과 올해의 생활이 별반 다를 것 없이 살아왔다. 매일매일 "피곤해.", "힘들어.", "쉬고 싶어."라는 소리만 입에 달고 다니던 내가 요즘엔 나에게 주어진 모든 것이 감사하게 느껴지는 신기한 경험을 하고 있다. 상황이 바뀐 것은 아무것도 없다. 오히려 더 바빠져서 시간에 쫓기면서 살고 있다. 바뀐 것이라고는 내 이름으로 된 책을 써야겠다는 생각을 하고 실제로 글을 쓰고 있다는 것뿐이다.

그 전에는 막연히 나도 죽기 전에 내 이름으로 된 책을 한 권 쓰고 싶다는 생각을 했을 뿐이다. 그런데 지금은 단순히 책 한 권을 남기는 게 아니라 계속해서 꾸준히 책을 쓰겠다고 다짐을 하게 되었다. 글쓰기에 대해서 아무런 지식도, 경험도 없었지만 이번 공동저서를 준비하면서 나 자신에 대해서 많은 생각을 하게 되었다. 그리고 40대 중반이라는 나이 또한 책을 쓰기에 더없이 적당한 나이라는 생각을 하게 되었다.

학교를 졸업하고 사회생활을 하고 결혼, 출산과 육아를 경험한 후 다시 직업전선에 있는 여성이라면 본인이 살아온 세월만으로도 장편소설 두세 권은 쓸 수 있을 것이다. 아무리 평탄한 삶을 살아왔다 할지라도 순간순간 본인만이 느끼는 아픔이 있을 것이고 자신만의 특별한 경험도 있을 것이다.

얼마 전 〈작사가 윤종신 콘서트 특강〉을 다녀왔다. 단순한 음악 콘서트가 아니라 가수 윤종신이 아닌 작사가 윤종신의 노랫말에 초점을 맞춰서 진행된 시간이었다. 그동안 윤종신이 가사를 쓴 노래에 대한 설명이 곁들어져 정말 특강을 듣는 듯한 느낌이었다. 작사가 윤종신은 사람들과 소통하고 공감하며 마음을 움직이게 하는 노랫말에 대한 자신의 작사비법을 들려주며 노래를 이어나갔다. 그래서 그런지 가사가 정말 마음에 와 닿았고 콘서트가 끝나고 나니 가수 윤종신이라는 사람에 대해서 더 많이 이해하고 공감하며 이전보다 훨씬 더 친숙하게 느껴졌다.

"순간을 기록하라."
"마음껏 그리워하라."
"마음껏 찬양하라."
"사람들에게 내가 하고 싶은 이야기들을 써라."

이 말은 단지 노랫말 가사를 쓰는 데만 해당되는 것은 아닐 것이다. 글을 쓰는 데 가장 중요한 점을 콕 찍어서 정리한 것 같았다. 예전부터 윤종신의 음악을 너무 좋아하던 딸아이는 매일 저녁마다 〈월간 윤종신〉을 듣곤 했었다. 중간고사 기간이었는데도 3시간을 포기하고 엄마를 따라온 보람이 있다면서 데리고 와 줘서 너무 고맙다고 했다. 그날 이후 나도 한동안 윤종신의 음악을 반복하면서 듣곤 했다. 그렇게 나는 윤종신의 팬이 되었다.

결혼 후 집안일, 회사일, 남편과의 갈등, 자녀문제 등으로 가장 힘들었을 때 나에게 가장 힘이 되어 주었던 것이 책이었다. 그 전에도 책을 가끔씩 읽기는 했지만 결혼 후 7~8년 정도 지났을 때부터 정말 열심히 읽었던 것 같다. 당시 나에게 책읽기는 그저 취미생활이 아니라 살기 위한 소리 없는 몸부림이었다. 그 누구에게도 말하지 못했던 나의 아픔과 분노를 책을 읽으면서 스스로 치유해 나갔다. 닥치는 대로 책을 읽으며 '나보다 더한 사람도 있구나, 나 혼자만 힘든 것은 아니었구나, 내 상황은 아무것도 아니구나' 하면서 타인의 아픔을 통해서 위안을 받았다.

우리가 슬픈 영화를 보고 난 후 눈물을 흘리면서도 '그래도 내가 저 상황은 아니어서 다행이다'라고 느끼는 것처럼 힘든 상황을 견뎌 낸 수많은 사람들의 경험은 모든 것을 포기하고 싶어 하는 나에게 위로와 힘을 주며 강한 채찍으로 다가왔다.

책을 좋아하고 자주 읽었던 나였지만 책을 읽는 특별한 목적은 없었다. 그냥 매일 조금씩이라도 책을 읽어야지 생각했고 실제로 그렇게 하고 있었다. 나의 가방 안에는 늘 한 권의 책이 들어 있었다. 비록 하루 종일 가방 안에서 꺼내지 못하는 날도 있었지만 그냥 빈 가방으로 다닐 때면 왠지 모르게 허전함을 느꼈다. 나는 주로 집 근처에 있는 도서관에서 책을 빌려다 보았고 신간코너에서 읽을거리를 찾곤 했다.

4월 어느 날, 그날도 나는 퇴근 후 아이의 학원 수업이 끝날 무렵 아이를 데리러 가다가 도서관에 들렀고 습관처럼 잡히는 대로 다섯 권의 책을 빌려 나왔다. 그중 한 권이 바로 김태광 작가의 《나는 직장에 다니면서 1인 창업을 시작했다》라는 책이었다. 작가의 프로필이나 목차 확인도 없이 그냥 제목에 이끌려서 집어든 책이었다. 아이를 기다리는 동안 차 안에서 잠깐 읽는데 도저히 중간에서 멈출 수가 없었다. 아들을 데리고 집에 도착한 시간이 밤 11시 30분쯤 되었고 평소대로라면 간단히 간식을 챙겨 주고 약간의 대화를 나누곤 하는데 그날은 모든 것을 생략한 채 책속으로 빠져들었다. 그렇게 단숨에 책을 읽어 내려갔고 마지막 페이지를 다 읽고 나니 새벽 3시 반이 조금 넘어 있었다.

밤을 새워 책을 읽었는데도 피곤하고 졸리기는커녕 머릿속이 점점 맑아지는 듯한 느낌이었다. 이 느낌은 도대체 뭐지? 아침에 회사에 출근하고 바쁘게 일을 처리하는 중간 중간에도 책속의 내용이 계속 머릿속에서 떠나지 않았다. 나는 책에서 시키는 대로 하고 싶었다. 나도 책을 쓰고 싶고 작가가 되고 싶다는 구체적인 생각을 하게 되었다. 결국 지금 내가 이 글을 쓰고 있는 것도 김태광 작가가 책에서 시킨 것을 하나씩 그대로 실행하고 싶었기 때문이다.

평범하게 책읽기를 좋아하는 독자에서 저자로서의 삶을 살겠노라고 다짐을 하고 하나씩 준비를 하고 행동에 옮기기 시작하면서부터 나의 생활에는 많은 변화가 일어났다. 책을 이전보다 더 가까이 하게 된 것은 말할 것도 없고 나에게 주어진 환경에 대해서도 감사하는 마음이 커졌다. 불평불만을 하기보다는 매사에 감사히 여기는 마음을 가지게 되었다. 그러다가 시간을 내서 〈한국 책쓰기 성공학 코칭협회(이하 한책협)〉의 〈1일 특강〉에 직접 참석하게 되었고 특강을 듣는 내내 정말 신세계를 만난 것 같다는 생각이 들었다. 특강에 참석한 사람들 중에는 정말 대단한 사람들이 많았다. 평범해 보이지만 대단한 이력을 가진 사람들도 많았고 한 명 한 명 모두 열정이 넘치는 사람들이었다. 이미 책을 출간한 사람들도 많이 있었다. 내 옆자리, 앞자리, 뒷자리에 앉아 같이 강의를 들었던 사람들이 모두 작가라니 믿어지지가 않으면서 한편으로는 나도 할 수 있을 것 같다는 생각이 들기도 했다.

꿈을 위해 도전하는 사람은 어디서든 빛이 난다. 주어진 현재의 상황이 불리할수록 그 열악한 환경을 극복하고 이뤄낸 꿈은 더 가치가 있을 것이다. 꿈은 단지 꿈꾸는 자의 것이 아니라 그 꿈을 위해 직접 행동하는 사람만이 성취할 수가 있는 것이다. 머리로만 꿈을 꾸고 꿈을 말로만 하는 것은 허풍쟁이라는 비난만 받게 될 것이다. 〈1일 특강〉 때 임원화 코치가 한 말이 생각난다.

"작가는 이제 여러분의 최소한의 꿈입니다. 책을 써서 꿈의 크기를 키우세요."

그렇다. 이제 나에게 꾸준히 공부하고 글을 쓰는 작가가 되는 것은 내 인생 최종의 목표가 아니라 나의 꿈을 이루는 여러 과정 중 하나다. 나는 많은 일을 해나가면서 나의 글을 통해 다른 사람에게 선한 동기를 유발시킬 수 있는 작가가 될 것이다. 나의 이름이 적힌 책이 교보문고에서 팔리고 그곳에서 저자 사인회를 하고 있는 나의 모습을 그려 본다.

05

온 가족이 모두 행복한
가정 만들기

"엄마! 우리 집은 정말 공부할 분위기가 안 돼. 도저히 집에서는 공부를 못 하겠어!"

"그건 또 뭔 소리야? 우리 집 분위기가 뭐가 어때서? 조용히 네 방에서 공부하면 되잖아."

"그게 아니고 집에 있으면 자꾸 엄마랑 얘기하고 싶고 얘기하다 보면 시간이 정말 빨리 지나가 버려. 그래서 공부를 할 수가 없단 말이야."

실제 우리 집 상황이다. 고등학교 2학년인 딸에게 가장 친한 친구는 엄마인 나이고 나에게도 역시 딸이 베스트프렌드다. 세상에 딸이 없는 엄마는 무슨 재미로 살까 싶다. 우리는 정말 많은 대화를 나눈다. 공부, 친구, 쇼핑, 회사 등 내용도 주제도 다양하다. 일방적으로 딸이 하소연을 하고 내가 들어 주는 입장이 아니라 나도 딸에게 나의 고민을 말하고 조언을 구하는 경우도 많다. 아직 어리다고 생각할 수 있지만 나는 딸과의 대화에서 정말 마음이 편안해짐을 느낀다.

딸아이는 1주일에 3일은 학교 독서실에서 밤 12시까지 자율학습을 한다. 그런 아이를 픽업해 오는 건 당연히 나의 몫이다. 나도 하루 종일 일하고 나면 피곤하지만 아이를 데리고 오는 시간만큼은 그 어떤 시간보다도 즐겁다. 집에 오는 길에 차에서 하는 딸아이와의 수다가 너무 재미있기 때문이다. 집에 와서도 대화는 그치지 않고 이어지는 경우가 많다.

"우리 이제 제발 잠 좀 자자."

"아니, 엄마 이것만 말할게. 하나만 더 들어 봐."

아이의 친구들 중에는 엄마와 대화가 없는 아이들도 많다. 엄마의 기대가 클수록 그런 경우가 많았다. 딸의 친구들은 엄마와 아무 이야기나 하는 딸을 정말 부러워한다.

한편 남편은 아들과 시간을 보내려 정말 많이 노력한다. 한 달에 한두 번 같이 사우나에 가곤 하는데 그 시간을 은근히 즐기고 기다린다. 반면에 아들은 친구들과 놀고 싶은 마음이 우선인지라 어쩌다 한 번 같이 가 주는 것을 아빠에게 큰 선심 쓰듯이 한다.

"오바마!"

집에서 우리 아이들이 아빠를 부르는 말이다. 미국 대통령이었던 오바마와 닮았다거나 그런 건 전혀 아니다. 단지 남편이 좀 오버를 잘하기 때문에 생긴 애칭이다. 통이 큰 남편은 언제 어디서든 오버를 질한다. 식당에서 음식을 주문할 때도 항상 너무 많이 주문하고 아이들의 친구를 만나도 격하게 반긴다. 그래서 아이들이 하는 말은 "아빠, 제발 오버 좀 하지 마세요."다.

남편은 50세가 넘었지만 또래 친구들에 비하면 매우 동안이다. 그래서인지 몰라도 아직도 하는 행동이 귀여운 구석이 많다. 진지하게 무게를 잡고 있을 때도 있지만 집에서는 그냥 장난꾸러기 소년 같아서 중3 아들이 하는 행동과 50세 넘은 아빠가 하는 행동이 얼마나 많이 닮았는지 모른다. 이제는 아들의 키가 더 커서 도대체 아들이 아빠를 닮은 건지 아빠가 아들을 닮아가는 건지 헷갈릴 정도다.

보통의 아빠들이 그렇듯이 남편도 딸바보, 아들바보다. 아이들을 그저 바라만 보아도 좋고 미소가 지어지고 뭐라도 하나 더 해주고 싶고 한마디라도 더 하고 싶어 한다. 그러나 그 방법이 서툴러서 자주 아이들과 트러블이 생기기도 한다. 그나마 어느 정도 철이 든 딸은 아빠의 마음을 이해하지만 아직 한창 사춘기인 아들은 가끔 아빠에게 짜증도 낸다. 마찬가지로 아빠는 아이들이 본인의 마음을 몰라준다고 서운해한다.

나와 남편은 같은 일을 한다. 매일 회사와 집에서 둘이 같이 있는 시간이 많기 때문에 다른 누구보다도 대화가 많을 것이라고 생각하지만 사실은 정반대다. 우리는 언제부턴가 집에 들어오면 회사에 관한 얘기를 전혀 하지 않게 되었다. 회사 사정이 좋지 않아서 집에서까지 회사일로 스트레스를 받고 싶지 않은 이유도 있었다. 그리고 둘이서 얘기를 한다고 해도 특별히 바뀌는 게 없다고 생각했기 때문이다.

우리 부부는 제주에서 렌터카 사업을 하고 있다. 업무의 특성상 1년 365일 쉬는 날이 없이 돌아간다. 규모가 큰 회사라면 직원들을 많이 채용하고 각각의 업무를 분담해서 맡은 일만 하면 되겠지만 우리는 규모가 크지 않은 영세 사업체여서 1인 다역을 해야 하는 건 당연한 일이다.

나는 늘 너무 피곤했다. 아침 일찍 출근해서 하루 종일 컴퓨터로 예약상황을 쳐다보고 전화 상담을 하면서 앉아 있다 보니 오후 3~4시쯤엔 모든 피로가 다리로 내려오는 듯한 느낌이었다. 예약실 직원이 오후 6시가 되어 퇴근하고 나면 그 후로는 혼자서 일을 처리해야 해서 더 바빠졌다.

나는 저녁에 퇴근을 하면서도 회사 대표전화를 착신하고 다녀야 하기 때문에 일이 끝난 것이 아니었다. 남편은 이런 저런 일로 저녁에도 식사를 밖에서 하고 오는 경우가 많다. 그래서 저녁식사도 거의 같이 할 수가 없고 이런 일이 10여 년 이상 지속되다 보니 둘이서 점점 더 대화다운 대화를 하지 못하고 있다. 아이들이 고등학교까지 모두 졸업하고 부모 곁을 떠나서 독립을 하게 되면 나와 남편은 어떤 모습으로 무슨 얘기를 나누며 살아가게 될까 걱정이 된다. 우리는 어쩌면 대화하는 법을 잊어버린 건지도 모른다.

부부끼리는 서로 싸워야 정이 든다고 하는데 우리는 싸울 수도 없고 싸움이 되지도 않는다. 둘 다 서로에게 치명적인 말은 조심해서 하지 않기 때문이다. 또 싸움 자체를 회피하기 때문이기도 하다. 사람이 항상 긴장 속에 살아간다는 건 정말 피곤한 일이다. 우리가 지금 그런 상황이다.

남편은 성격이 굉장히 꼼꼼하다. 지금도 10년 치 다이어리를 모두 연도별로 보관하고 있는데 그 다이어리에는 매일매일 무엇을 하고 누구를 만났는지가 깨알 같은 글씨로 적혀 있다.

반면에 나는 성격이 무덤덤한 편이다. 웬만한 일에는 놀라지도 않고 흥분하지도 않는다. 나는 내 성격이 긍정적인 편이라고 생각한다. 사실 크게 걱정하는 것도 없다. 우리가 걱정하는 대부분은 아직 일어나지 않은 일에 대한 걱정이고 이미 발생한 문제에 대한 걱정은 내가 걱정을 한다고 해도 대부분 어쩔 수 없는 것이라고 생각하기 때문이다.

남편은 모든 일을 혼자 결정하는 스타일이다. 정말로 의논을 해야 되는 일임에도 그냥 혼자 결정을 하고 나에게는 통보만 하는 경우도 많은데 처음에는 그것이 굉장히 불만이었다. 그런데 요즘엔 혼자서 고민하는 남편에게 미안하기도 하고 고맙기도 하다. 혼자서 십자가를 짊어진 예수처럼 그 스트레스를 감당하고 있다고 생각하니 안쓰러운 마음이 크다. 또 한편으로 회사일과 집안일에 아이들 일까지 챙겨야 하는 나에게 회사 자금문제 등의 스트레스를 주지 않으려는 배려임을 알기에 혼자 저 구석에서 담배를 물고 있는 남편의 뒷모습이 애처롭게 느껴지기도 한다.

우리 가족은 정말 유치하다. 어느 정도인가 하면 집에 있는 인형에게까지 모두 이름을 붙여 주고 매일 아이들에게 하는 것처럼 말을 걸고 같이 논다. 그 인형들을 대신해서 대답하는 것은 대부분 막내아들 몫이다. 생명이 없는 인형이지만 우리는 반려견을 다루듯이 한다. 아들은 그 인형들이 모두 자기 동생이라고 한다. 라요, 지방이, 몽이, 라이언, 또치, 짱구까지 이름도 다양하다. 그만큼 우리 가족들은 순수하고 감성적이다. 식구 모두가 눈물도 많아 영화나 TV를 보면서 눈물을 흘리는 일도 많다.

남들이 보면 이해하지 못하겠지만 그래도 상관없다. 그냥 우리끼리 행복하고 즐거우면 되는 거니까. 가끔 놀러오는 아이들의 친구들도 인형 동생들의 존재를 알고 재미있어하며 학교에서 인형들의 안부를 묻기도 한다. 엄청 행복하고 재미있는 집이라고 말한다.

나는 얼마 전까지만 해도 희생이 미덕이라 생각해 왔다. 가정의 평화를 위해서라면 내가 조금 더 참는 것이 당연하다고 생각했었다. 하지만 지금은 그렇게 생각하지 않는다. 가족이 소중한 만큼 나 자신도 소중하다. 내가 행복해야 가족 모두가 진짜로 행복할 수 있다. 누군가의 희생으로 지탱되는 행복은 희생자가 힘들어 그 역할을 그만둬 버리면 사상누각이 되어버리고 만다.

우리 집은 지금도 나름대로 행복한 가정이라 할 수 있다. 하지만 나는 우리 가족이 앞으로 더욱 행복해질 것이라고 믿어 의심치 않는다. 우리 가족은 지금 누구보다 서로 사랑하고 있고 서로의 상처를 잘 알고 있다. 그리고 가족 모두가 서로를 이해하기 위해 노력하고 있다. 남들이 보기에만 재미있고 행복한 가정이 아니라 우리 가족 모두가 마음으로부터 행복하고 편안한 그런 가정을 꿈꾼다.

PART 4

진정한 리더로서
사람들의 꿈과
희망 되기

· 류 한 윤 ·

류한윤

'독서변화연구소' 대표, 웰니스 플래너, 희망드림 메신저, 자기계발 작가, 동기부여 강연가

'시련은 성장을 위한 씨앗이다'라는 모토로 꿈과 희망을 전하는 메신저로 활동하고 있으며, 독서로 변화된 삶의 가치를 전하는 독서변화 코치다. 낙상사고라는 큰 부상을 독서와 운동으로 극복했던 경험을 전하는 저서 《삶을 바꾸는 기술》을 출간했으며, 그 외의 저서로 《보물지도8》, 《인생을 바꾸는 감사일기의 힘》, 《나는 책쓰기로 당당하게 사는 법을 배웠다》 등이 있다.

E-mail rhyforg@naver.com
Homepage www.rcl-lab.com
C·P 010·9027·9297

Blog blog.naver.com/rhyforg
SNS www.facebook.com/ryu.hanyoun

01

개인저서 100권의
베스트셀러 작가 되기

독서가 얼마나 중요한지 많은 사람들이 잘 알고 있을 것이다. 나 또한 내 삶에서 독서를 습관으로 만들기 위해 많은 노력을 했고 지금은 하루 일과 중에서 아주 중요한 부분으로 자리 잡았다. 책을 읽기만 하고 책에서 말하는 것들을 실천하지 않는다면 살아 있는 독서를 한다고 할 수 없다. 인풋만 있고 아웃풋이 없다면 책에서 얻은 지식이나 지혜는 사장되고 말 것이다.

2015년이 끝나갈 무렵 나는 큰 사고를 당했다. 그 사고는 정신적, 육체적으로 많은 고통과 후유증을 남겼다. 나는 사고로 인한 후유증을 책을 읽으면서 극복해 나갔다. 그러면서 더욱 책과 가까워지게 되었고 삶을 바라보는 시선도 바뀌기 시작했다. 많은 시간이 흐르지는 않았지만 먼 훗날 지나온 시간을 돌이켜 볼 때 내 인생은 사고 전과 사고 후로 나뉜다.

나는 책을 읽고 저자의 경험이나 혜안을 하나씩 실천했다. 사고로 삶에 대한 절실함이 내 안에서 자라났다. 그래서인지 몰입해서 책을 읽었고 무엇이든 내 삶에 적용시키고자 했다. 그러던 중 몇 가지 버킷리스트를 작성하게 되었다. 5년 후를 목표로 내가 꼭 이루고자 하는 것들을 노트에 적었다. 날마다 책을 접해서인지 사고 전에는 생각지도 못했던, 내 책을 갖고 싶다는 꿈이 생겼다. 책을 쓰는 작가가 되고 싶다는 생각보다는 죽기 전에 내 이름 석 자가 새겨진 책을 쓰고 싶었다.

매일 아침 일어나자마자 노트에 적어 놓은 버킷리스트를 한 번씩 읽었다. 그것이 나의 하루 일과의 시작이었다. 근 1년의 시간이 지나면서 책을 쓰고자 하는 꿈이 내게 다가왔다. 아내와 하는 일의 마케팅을 알아보다가 〈한책협〉을 만나게 됐다. 〈한책협〉 카페를 둘러보면서 평범한 사람들이 책을 써낸 것을 보았다. "보통 사람일수록 책을 써야 한다."라는 글도 눈에 띄었다.

사실 〈한책협〉은 예전에 가입을 했었지만 책을 쓴 작가의 꿈을 갖고 나서 만난 〈한책협〉은 내게 다르게 다가왔다. 설렘을 느꼈다. 나는 대학을 졸업하고 직장에 다니고 결혼하고 아이를 키워오면서 그저 평범하게만 살아 왔다. 그런 생활을 해오면서 설렘이란 것은 없었다. 그저 살아내기 바쁜 일상이었을 뿐이었다. 나는 설레는 마음으로 자연스레 〈한책협〉에서 매월 개최하는 〈1일 특강〉에 참여했다. 막연하게만 생각하던 작가의 꿈은 그렇게 시작되었다.

나는 아마추어 마라토너다. 마라톤을 시작한 지 17년째다. 그간 부침이 있었지만 달리고픈 열정만은 잃지 않았다. 마라톤은 최근 몇 년간 내 생활의 일부로 강하게 자리 잡았다. 많은 거리를 달리고 있지는 않지만 중요한 것은 멈추지 않고 꾸준히 하고 있다는 것이다. 달리기를 시작하던 시점부터 내게는 소박한 꿈이 있다. 하나는 죽기 전까지 지구 한 바퀴의 거리를 달리는 것이다. 꾸준히 20년 이상 한다면 자연스레 달성할 수 있는 수준이다. 그리고 죽을 때까지 달리는 것이다. 나이가 팔십이 되든 구십이 되든 말이다. 달리기를 삶에서 놓지 않고자 한다. 해외 토픽으로 팔십 세가 넘은 분이 풀코스 마라톤을 완주했다는 기사를 접할 때면 부러움과 동시에 나도 그렇게 하고 말겠다는 다짐을 하기도 했다.

얼마 전에 공동저서 《보물지도8》로 작가 데뷔를 했다. 작가 데뷔를 하고 난 후 마라톤을 처음 할 때처럼 소박한 것 같지만 절대 소박하지 않은 꿈을 꾸게 되었다. 개인저서를 써내고 베스트셀러 작가가 되고 싶은 소망을 노트에 적었다. 그리고 꾸준히 책을 써야겠다고 다짐했다. 구체적으로 1년에 3권의 저서를 쓰는 것이 버킷리스트다. 〈한책협〉의 김태광 대표 코치는 200권 이상의 책을 썼고 수많은 책들이 초·중·고 교과서에 실렸다고 한다. 딸이 5학년이어서 국어교과서를 확인해 보니 진짜 수록되어 있었다. 내가 아는 분의 글이 교과서에 실린 것을 보니 신기하기도 했다. 나는 마라톤과 마찬가지로 꾸준히 책을 써서 100권의 저자가 되리라 다짐했다.

세상에 나와 똑같은 사람은 없다. 그리고 나와 같은 경험을 한 사람 또한 없다. 잘 살아낸 인생이라고 확신할 수는 없지만 나의 작은 깨달음이나 경험이 누군가에게는 도움이 된다는 생각으로 책을 쓴다. 아무리 보잘것없어도 누군가의 삶이 달라지는 계기가 되거나 인생의 역경을 이겨내는 힘이 된다면 내가 쓴 책은 나의 소명을 다하는 것이다. 이것이 내가 책을 쓰는 이유다.

얼마 전 나의 첫 개인저서를 완료했다. 책을 쓰는 과정이 결코 쉽지는 않았지만 누구든 할 수 있다고 느꼈다. 많은 사람들이 책을 쓰고자 하는 희망과 목표로 책 쓰기를 배우기도 한다. 그렇다고 그들이 모두 책을 쓰진 못한다. 그 이유는 하나라고 생각한다. 처음의 열정을 끝까지 유지하지 못한다는 것이다. 사람은 망각의 동물이기 때문일까? 나 역시 책을 쓰는 과정에서 고비가 있었지만 그 고비를 넘길 수 있었던 것은 초심을 잃지 않기 때문이다. 그 초심이란 것이 바로 열정이다.

어떤 일이든 꾸준히 하기 위해서는 세 가지의 마음이 필요하다.

바로 초심, 열심, 뒷심이다. 세상살이에서도 이 세 가지는 정말 중요하다. 성공한 사람들이 가끔 초심을 잃거나 잊어버리는 모습을 가끔 보게 된다. 그런 모습을 볼 때마다 나는 안타까움과 함께 안쓰럽기도 하다. 초심을 잃고 다르게 행동하는 사람들의 대부분은 자신이 열심히 해서 이룬 것을 유지하거나 더 큰 목표를 향하는 것이 아닌 과욕을 부리기 때문이다. 그 결과 결코 좋은 모습으로 비춰지지 않을 뿐더러 그간 이뤄왔던 것들도 그 가치를 잃게 된다.

나는 이 글을 쓰면서 굳게 다짐한다. 절대 초심을 잃지 않을 것이며 내게 주어진 나머지 삶을 열정으로 채워나가겠다고 말이다. 그것이 달콤한 결실을 안겨주든 고통과 역경을 안겨주든 말이다. 결국엔 이 삶에서 내가 이루고자 하는 곳으로 이끌어진다는 것을 믿기 때문이다.

나는 매일 아침 일어나서 "베스트셀러 작가"라고 외친다. 거실에 붙여놓은 보물지도 타이틀은 '베스트셀러 작가 류한윤'이다. 그렇게 한 번 잠재의식에 새기고 다시 나만의 서재에 앉아서 소명문을 읽는다. 소명문은 "나 류한윤은 베스트셀러 작가다."로 시작된다. 매일매일 되새기는 이 반복적인 행동은 분명히 나를 베스트셀러 작가가 되게 할 것이라고 믿어 의심치 않는다. 하루도 거르지 않는 나의 외침에 귀찮아서라도 세상은 나를 그렇게 연결시킬 것이다.

베스트셀러 작가가 된 나는 초심을 잃지 않고 꾸준히 글 쓰는 작업을 할 것이다. 수십 년이 걸리게 될지도 모르지만 이번 생에서 100권 이상의 책을 펴낼 것이다. 그 책들은 여기저기서 수많은 사람들을 만나고 그들은 책을 읽고 꿈과 희망을 얻을 것이다. 책 한 권이 사람을 살릴 수도 있다. 나는 더 많은 사람들을 돕기 위해서라도 책을 쓰는 작업을 멈추지 않을 것이다.

나는 오늘 아침에도 일어나서 소명문을 되새기고 일기를 쓰고 독서하고 운동을 하며 하루를 시작했다. 그리고 글을 썼다. 내 생명이 다할 때까지 글을 쓰고 달릴 것이다. 이것이 남아 있는 내 삶에 주어진 소명이자 목표다. 100권의 베스트셀러 작가로 가는 길에 어떤 어려움이 오더라도 견딜 수 있는 몸과 마음을 위해서 수련한다. 오늘도 나는 큰 소리로 외쳐 본다.

"나 류한윤은 100권의 책을 펴낸 베스트셀러 작가다!"

02

나와 함께하는 사람들의 멘토
그리고 멋진 리더 되기

"사람의 능력에 한계는 없으며 가장 높은 곳은 모두에게 열려
있다. 다만 최고가 될 수 있느냐는 당신의 선택에 달려 있다."

하시디즘에는 이런 명언이 있다. 사람들은 누구나 자신만의 장
점을 갖고 있다. 하지만 그것을 제대로 인지하고 있는 사람은 드
물다. 그렇기에 무언가에 도전하기보다는 현실에 안주하는 경우
가 많다. 삶의 모든 것이 도전이다. 그리고 도전해서 실패를 하더
라도 그것은 실패가 아니다. 단지 실패라는 경험을 한 번 했다고
생각하면 된다. 그 경험이 쌓이고 쌓이면 분명히 자신이 얻고자
했던 것을 얻게 된다. 우리의 능력엔 한계가 없다. 한계를 짓는다

면 그것 또한 자신이 그 한계를 설정하고 선택한 것일 뿐이다.

2017년이 되면서 나는 작가가 되기로 했다. 처음에는 "내가 책을 쓸 수 있을까?", "한 권의 책 분량만큼의 글을 쓸 수 있을까?" 등 많은 의문이 들었다. 하지만 그 의문들에 일일이 답할 필요는 없다. 그 질문들에 답을 한다는 것은 스스로에게 한계를 짓고 설정하는 것이기 때문이다. 나는 행동했다. 우연히 알게 된 〈한책협〉의 〈책 쓰기 과정〉에 등록하고 책 쓰기의 프로세스를 배웠다.

지난 4월, 한국을 방문한 성공학의 대가 브라이언 트레이시의 강연을 다녀왔다. 우리가 주변에서 자주 들어왔듯이 그는 배움에 투자하는 것을 매우 강조했다. 성공한 사람들은 언제나 배움에 소홀하지 않으며 지속적으로 한다고 했다. 천재와 바보가 종이의 앞, 뒷면과 같다고 하듯이 성공한 사람과 그렇지 않은 사람 또한 배움에 투자하느냐 하지 않느냐의 차이일 뿐이다. 아무리 좋은 계획이나 목표가 있더라도 그것을 향해 달려가지 않는다면 삶의 변화가 일어나지 않는다.

배움이란 것은 지속적이지 않으면 안 된다. 마치 성공이 바로 눈앞에 있는데 포기하는 꼴이 될 수 있다. 나는 울산에서 대학 진학을 하면서 서울로 올라왔다. 전공은 섬유공학이었으나 뚜렷한 목표를 갖고 선택했던 것이 아니었다. 그 당시 오히려 컴퓨터에 더 많은 관심을 가졌었다. 여름방학엔 학교에서 개설된 스프

레드시트와 데이터베이스 과정에 등록해서 배워서 활용하기도 했다. 컴퓨터 또한 직접 용산상가에 가서 구입하고 일부 부품은 직접 사서 설치를 했다. 연구까지는 아니어도 자주 컴퓨터를 뜯어서 회로들이 어떻게 연결되어 있는지 그리고 설치된 부품을 각각 확인했다. 가끔 컴퓨터에 오류가 발생했을 때도 대부분 직접 뜯어서 해결했던 기억이 난다.

그렇게 관심을 많이 갖다 보니 자격증을 따면 어떨까 하는 생각이 들었다. 2학년이 되면서 이대입구에 있는 컴퓨터 학원에 한 학기 동안 다녔다. 목표는 정보처리기사 1급을 취득하는 것이었다. 하지만 미처 확인하지 못했던 것이 있었다. 전공학과가 아닐 경우 최소 대학 2년을 수료해야만 정보처리기사 1급 시험에 응시할 자격이 된다는 것이었다. 5개월을 넘게 학원을 다니면서 컴퓨터 로직과 기본 언어들에 대해 배워 왔기에 실망이 이만 저만이 아니었다. 2학년을 마치면 군에 입대할 계획이어서 자격증 취득에 대한 도전은 나중으로 미뤄지고 말았다. 결과적으로는 컴퓨터에 대한 관심도가 떨어지게 되었고 나중에는 기사자격증에 대한 도전도 하지 않았다. 지금 생각해 보면 상황이 어찌되었든 하고자 했던 것을 포기한 셈이었다.

무엇을 하든지 과정과 결과가 있다. 결과가 좋으면 과정이 나빠도 용서할 수 있다고 한다. 반대로 결과가 나쁘더라도 노력했던 과정 자체로도 의미가 있다고 한다. 나는 결과와 과정 모두 중요하다고 생각한다. 다만 원하는 결과를 이룰 때까지 과정이 끊어지지만 않으면 되는 것이다. 포기하는 순간 그동안 해왔던 모든 것들의 의미는 퇴색해 버리고 말기 때문이다. 진정으로 원하는 것이 있다면 포기하지 않고 해내야 한다.

나는 지금도 더 나은 글을 쓰기 위해 포기하지 않고 노력해 나가는 과정에 있다. 글을 전혀 쓰지 않던 내가 이렇게 한 권의 책을 쓸 수 있었던 것은 나를 이끌어 주는 멘토가 있기에 가능했다. 〈한책협〉의 김태광 대표 코치는 책 쓰는 프로세스뿐만 아니라 성공한 인생을 만들어 가도록 마인드세팅 그리고 많은 노하우를 가르쳐 주고 이끌어 주었다. 또한 임원화 수석코치는 잠들어 있던 내 안의 꿈을 밖으로 꺼내 주고 책 쓰기 실전 노하우로 포기하지 않도록 도움을 주었다. 두 분이 멘토로서 끌어 주고 당겨 주었기 때문에 나는 작가가 되었다. 나의 롤모델인 두 분의 사진을 항상 가슴에 담고 있는 이유다. 실제로 나만의 보물지도에 붙여 놓았기에 매일 아침 만나고 있다.

나는 김태광 대표 코치와 임원화 코치처럼 되기로 했다. 조만간 나오게 되는 책은 나를 알리기 시작할 것이다. 나와 같은 아픔을 겪은 사람들에게 꿈과 희망이 되고자 한다. 많은 사람들이 만나는 공간을 만들고 그들과 함께 기쁨과 슬픔을 나눌 것이다. 그리고 내가 배운 대로 그들도 그들이 꿈꾸는 삶으로 나아가도록

도울 것이다. 진정한 리더가 되어 멋진 삶을 함께 만들어 가고자
한다.

브라이언 트레이시는 리더의 자질을 아래와 같이 말했다.

첫 번째, 명확한 비전이 있다.
두 번째, 마케팅하고 혁신한다.
세 번째, 명확하게 생각하고 최우선과제를 결정한다.
네 번째, 항상 해결책을 제시한다.
다섯 번째, 항상 노력하고 결과를 낸다.
여섯 번째, 성공하는 습관이 있다.

나는 리더로서의 자질을 항상 생각할 것이다. 머리에 각인을
시키고 꾸준한 자기계발로 나의 자질도 향상시켜 나가려고 한다.
브라이언 트레이시가 한 말 이외에 몇 가지 중요한 것이 있다. 리
더라면 기본적으로 경청의 자세가 필요하다. 그런 자세가 없다면
자칫 독선적으로 사람들을 이끌게 될 수도 있다. 리더는 자신을
따르거나 자신이 이끄는 사람을 대표한다. 그런 만큼 명확한 비
전을 제시해야 함은 물론 멘티들의 작은 목소리에도 귀를 기울여
그들의 마음도 일일이 파악하고 있어야 한다. 그렇게 함으로써 정
확한 방향성을 갖고 사람들을 끌어갈 수 있다. 또한 그들에 대한

무한한 감사의 마음을 기본적으로 지녀야 한다. 감사한 마음을 갖지 못하는 가식적인 사람은 리더로서의 자질이 없는 것이다.

지금의 나는 보잘것없는 모습이다. 그렇지만 책을 씀으로써 세상에 나를 알리는 신호탄을 쏘아 올렸다. 그 신호탄을 보게 된 사람들과 나는 새로운 인연으로 만나게 될 것이라고 생각한다. 나의 자그마한 도움이 누군가에게 힘이 될 수만 있다면 나는 어떠한 것이라도 희생할 작정이다. 적어도 내가 받은 것의 서너 배 이상은 베푸는 사람이 될 것이다. 자연스레 나를 따르는 사람들은 계속해서 늘어갈 것이고 그들에게 있어 나는 멋진 리더로서 자리매김할 것이다.

세상을 바꾸는 힘은 아주 작은 것에서부터 시작된다. 조만간 나올 책이 그 출발점이다. 미리 준비를 하고 있는 요즘 다가올 밝은 미래에 대한 희망으로 가득 차 있다. 나를 기다리고 있을 사람들과의 조우를 생각하며 오늘도 행복한 하루를 보낸다.

03

꿈의 서브쓰리 달성하고
세계 10대 마라톤 완주하기

 인생을 살아가면서 꿈이나 목표의 설정은 중요하다. 아마추어 마라토너인 나는 17년째 취미로 달리고 있다. 달릴 때 내가 살아 있음을 느낄 수 있어서 좋다. 가끔씩 참가하는 대회에서는 나름의 목표 시간을 세워 보기도 했다. 하지만 마라톤에 있어서 더 큰 꿈이나 목표를 구체적으로 세워본 적은 없다. 그러던 와중에 나는 책을 쓰게 되었다. 책을 쓰면서 다양한 꿈들을 마음 속 깊은 곳에서 꺼내기도 하고 새로운 꿈을 꾸게 됐다. 내가 좋아하는 마라톤에 있어서도 여러 가지 새로운 계획과 꿈을 세우고 도전하기로 했다.

 얼마 전 나의 첫 책《보물지도8》에서 울트라마라톤과 보스턴

마라톤에 도전하기로 선언했다. 울트라마라톤은 다가오는 8월에 도전할 계획이다. 보스턴마라톤 또한 기준기록을 조만간 달성해서 자격을 갖출 것이다. 그리고 2020년엔 보스턴마라톤의 결승점을 지나고 있을 것이다.

사실 보스턴마라톤의 기준기록을 달성하기 위해서 현재의 주력으로는 많은 노력이 필요하다. 어떻게 보면 도전하고자 마음먹은 자신에게 깜짝 놀랄 일이다. 내 연령대의 기준 기록인 3시간 25분을 올 가을이나 내년 봄에 달성하고자 한다. 보스턴마라톤 도전을 선언했던 1월에 비해 실력은 꾸준히 좋아지고 있다. 처음에 마음을 먹었을 때는 가능할까 하는 의구심이 있었던 것도 사실이다. 하지만 향상되고 있는 주력을 보면 올해 가을이나 늦어도 내년 봄엔 자격기준기록을 달성할 것 같다.

책을 읽으면 책에서 또 다른 책으로 연결되고 미처 접해보지 못했던 분야나 관심이 별로 없었던 것에도 관심을 갖게 된다. 나는 단지 달리기를 하는 것 자체에 만족해왔었다. 하지만 마라톤에 대한 새로운 도전을 선언하게 되자 다른 목표나 계획을 하게 됐다. 그중 하나가 트레일 마라톤이다.

지난 4월 동두천에서 개최된 KOREA 50K 트레일 러닝 국제대회에 참가했다. 지금까지 마라톤을 해오면서 풀코스 이상의 거리를 달려본 적은 없다. KOREA 50K 대회는 총 거리가 59km에

달해서 준비과정에서 다소 걱정스러웠던 것은 사실이다. 일반 도로를 달리는 것이 아니라 다소 높고 험한 산을 5개나 넘어야 하기 때문이다. 그렇다고 충분히 준비하지도 못했다. 실전을 대비해서 고도 500m 이상 되는 산을 달리는 훈련이 필요했다. 하지만 여건상 집주변에 있는 장릉산 둘레길을 5회 정도 훈련한 것이 다였다. 장릉산은 곳곳에 힘든 코스도 있지만 고도가 200m가 채 되지 않았기에 대회 준비로는 다소 부족했다. 그래도 꾸준히 달려왔고 주력 또한 상승세에 있어서 일말의 자신감도 가졌다.

대회는 새벽 5시에 시작하기에 하루 전날 출발해서 동두천에서 숙박을 했다. 마라톤 카페에서 20여 명이 이 대회에 참가했기 때문에 단체로 숙소를 정하고 한 방에서 3~4명이 잤다. 다소 피곤했던지라 일찍 자리에 누워 잠을 청했다. 하지만 옆에 누운 회원의 코 고는 소리에 잠을 이룰 수가 없었다. 그 시간이 3시간을 넘겨 급기야 새벽이 되어 버리니 미칠 것만 같았다. 할 수 없이 자리에서 일어나 주차해 놓은 차에 가서 뒷자리에서 쪽잠을 청했다. 그렇게라도 하지 않았으면 아마도 날을 세고 대회를 맞이했을 것이다.

대회장으로 가기 위해 새벽 3시에 숙소로 올라가서 미리 씻고 준비했다. 그제야 일어난 회원분이 얘기를 한다.

"어디 가셨었어요?"

"코고는 소리에 잠이 들지 않아서 차에 가서 조금 잤어요."

"아, 안 그래도 코고는 소리 때문이 아닐까 싶었어요."

"많이 피곤했나 봐요?"

"아, 그렇지는 않은데…. 잘 못 자서 괜찮으세요?"

"그래도 2시간가량이라도 차에서 자서 괜찮은 것 같아요."

사실 차에서는 추워서 제대로 잠을 자지 못했다. 자다 깨다 했다. 그럼에도 다행인 것은 새벽에 씻고 준비하면서 몸 컨디션이 나쁘지만은 않았던 것이다. 대회에 참가하는 회원들과 함께 차를 타고 대회장인 동두천종합운동장으로 이동했다. 스트레칭을 하면서 몸을 풀고 사진도 찍고 하며 긴장을 풀었다. 출발시간은 금세 다가왔고 완주에 대한 걱정보다는 새로운 경험을 한다는 것에 대한 기대를 안고 헤드랜턴으로 어둠을 밝히며 출발했다.

대회는 동두천종합운동장을 출발해서 천보산, 왕방산, 어등산 등 주변 5개의 산을 넘는 코스였다. 중간 중간에는 4곳의 CP가 있어 선수들에게 음식을 제공하고 휴식을 취할 수 있었다. 제일 어려웠던 CP2에서 CP3로 가는 길에서 체력이 많이 고갈되었다. 심지어는 장딴지에 심하게 쥐가 나고 내리막에서 나무에 걸려 넘어지기도 했다. 이후에는 그야말로 악전고투였다. 무릎에 이상한 징후가 있어 내리막에서는 달릴 수가 없었다. 그나마 평지나 완만한 언덕에서만 천천히 달릴 수 있었다. 마지막 CP4를 지나면서부터는 걷는 시간이 더 많았다. 새벽 5시에 출발한 레이스는 오후 5시 30분에 피니시 지점에 도착했다. 목표했던 무사완주를 해냈다. 나중에 들어보니 우리나라 트레일 마라톤 코스 중 가장 어려운 코스라고 한다. 첫 도전을 힘든 코스로 제대로 경험해낸 셈이다. 그랬기에 만족감은 더욱 컸다.

동두천 트레일 러닝대회를 마치고 나서 새로운 목표를 하나 추가했다. 바로 마스터스의 꿈인 서브쓰리를 달성하는 것이다. 서브쓰리는 3시간 이내에 풀코스를 완주하는 것이다. 국내에서 서브쓰리는 상위 4~5%인 대략 1,000명 정도가 달성했을 정도로 어려운 기록이다. 선언의 힘을 믿고 있기에 블로그와 카페에 공표를 했다. 2019년에는 반드시 서브쓰리를 달성하겠다고 말이다.

기록으로는 서브쓰리를 이루고 해외의 유명 마라톤에도 도전하고 싶었다. 마라톤으로 해외 주요 도시를 여행하는 것도 의미 있는 일이라 생각되었기 때문이다. 2016년 기준으로 세계 10대 마라톤을 알아봤다. 10대 마라톤의 기준은 그 해의 1위를 한 선수의 기록순이었다. 그중에는 국내대회인 동아마라톤대회와 동아경주마라톤대회가 포함되어 있다. 두 대회와 베를린, 런던, 두바이, 암스테르담, 로테르담, 에인트호번, 프랑크푸르트, 도쿄 마라톤이 10대 마라톤이다. 여기에 유명한 뉴욕마라톤까지 포함해서 도전해 볼 계획이다. 해마다 1개 이상의 대회에 참가해서 10년 이내에 세계 10대 마라톤대회의 완주 메달을 받는 것을 목표로 삼기로 했다.

마라톤대회는 극한의 대회들도 있다. 국내에는 횡단마라톤이나 국토종단마라톤, 100km, 200km 트레일 러닝대회 등이 있고 해외에는 여러 종류의 사막마라톤과 이색적인 트레일 러닝대회 등이 있다. 아직까지 극한의 대회에 도전하고픈 욕구는 없다. 그러던 중 단연 눈에 띄는 이색 대회가 있었다. 7일 동안 7개 대륙에서 7개의 풀코스 마라톤을 완주하는 대회다. 매일 풀코스를 뛰고 전용기로 다른 대륙으로 이동하는 식으로 진행된다. 남극에서 출발해서 호주 시드니에서 완료되는 대회로, 올해로 3회째를 개최했다. 이 대회는 언젠가는 한 번 도전해보고 싶다는 생각이 든다. 엄청난 참가비용에 놀라기도 했지만 더 나이가 들기 전에 완주하고 싶다.

모든 도전은 목표한 바를 달성하는 것에만 의미가 있지는 않다. 비록 목표를 달성하지 못하더라도 그것을 이루기 위해서는 수많은 시간과 노력을 투자하기 때문이다. 나의 마라톤 여정에서 풀코스 서브쓰리 달성과 세계 10대 마라톤대회 참가완주라는 버킷리스트가 세워졌다. 또 다른 도전을 위해서라도 반드시 해낼 것이다. 머지않은 미래에 완주메달을 걸고 흐뭇하게 웃고 있는 내 모습이 현실이 되리라 믿는다.

04

아내와 함께
세계 일주하기

내년이면 아이들은 모두 중학생이 된다. 내가 아내를 만나 결혼한 지도 벌써 15년이 넘었다. 아이들이 커가는 모습을 볼 때면 세월이 얼마나 빠르게 가고 있는지를 느낀다. 나의 겉모습도 조금씩 늙어가고 있다. 하지만 마음은 언제나 30대 초반인 것 같다. 그러다가 아이들을 볼 때면 깜짝깜짝 놀라기도 한다. 아이들이 자라는 만큼 나도 나이를 먹고 늙어가고 있다는 것을 실감하기 때문이다.

우스갯소리로 남자는 평생 동안 이성으로 생각되는 여자의 나잇대가 있다고 한다. 고등학생을 지나 30~40대, 나이 지긋한 중년이나 심지어 할아버지들도 동년배보다는 20대 중반의 여성을 이성으로 느낀다고 한다. 이는 아마도 자신이 가장 혈기 왕성할 때의 기억을 떠올리면서 여성을 바라보기 때문이 아닐까 싶다. 내가 30대 초반의 느낌으로 살아가고 있는 것처럼 말이다.

나는 30대 초반에 아내를 만났다. 짧은 연애기간을 거쳐 우리는 결혼을 했고 신혼의 단꿈을 꾸기도 전에 첫째를 임신했고 연이어 둘째까지 낳았다. 아내는 누구의 도움도 없이 아이 둘을 온전히 혼자서 키웠다. 서울생활이 처음이기에 주변에 알고 지내던 사람도 없었다. 아이들을 키우고 남편 뒷바라지를 하면서 자신을 돌아볼 겨를도 없이 시간은 야속하게도 10년이 넘게 훌쩍 지나가 버렸다. 그 시간 속에서 아내는 나를 처음 만났을 때의 모습을 모두 잃어버렸다. 지나간 세월만큼 늘어난 몸무게와 처진 배를 가진 모습으로 변했다. 혹자는 자기관리를 못해서라고 할지도 모른다. 하지만 그런 말에는 절대 동의할 수 없다. 모든 엄마들의 세월과 함께 변해버린 모습은 아이들과 남편에 대한 헌신의 결과라고 생각한다.

아내는 외모만 변한 것은 아니라 성격도 변했다. 여리고 약한 심성의 연약한 아가씨에서 강하고 엄한 엄마로 바뀌었다. 강해지지 않았다면 아이들을 키우며 버티기가 매우 힘들었을 것이다. 이 모든 변화는 자연스런 변화가 아닐까? 물론 남편인 내가 술과 회식으로 속을 썩인 일도 일조했을 것이다. 지금에 와서 생각해 보면 어디에도 기댈 곳이 없었던 아내에게는 견디기 힘든 시간이었을 것 같다.

베트남에서 근무할 당시 8월에 여름휴가로 한국에 왔을 때였다. 불과 석 달 만에 보는 것인데 아내의 외모가 많이 변해 있었다. 아이들이 학교에 들어가고 조금은 여유가 생겨서 그런지 잃어버린 본인의 몸을 찾기 위해 노력하고 있었다. 결혼하고 10년간 변해왔던 모습에 익숙했었는데 결혼 전의 모습이 보였던 것이다. 그런 아내의 모습은 보기에도 좋았고 자신을 관리할 여유를 찾은 것 같아서 내 기분도 좋았다. 그렇게 자신을 가꾸기 시작했던 아내는 지금 결혼 전보다 더 아름다워졌다. 속마음을 잘 표현하지는 못하지만 굳이 표현하지 않더라도 아내는 내 마음을 알 것이다. 15년을 산 부부는 이심전심 통하기 때문이다.

아직도 한참은 커야 할 아이들과 늘 함께 재미난 경험도 하고 여행도 하면서 살고 싶다. 그런 내 마음과는 달리 아이들은 이제 친구들과 더 잘 어울린다. 자연스런 변화라는 생각이 들면서도 한편으로는 아쉬운 마음이 생긴다. 아마도 이전에 더 많은 것을 함께하지 못해서 그런 감정이 더 크게 느껴지는 것일지도 모른다. 시간이 더 흘러가기 전에 아이들과 함께 다양한 경험과 체험을 할 생각이다.

회사를 다니던 직원들은 이런저런 이유로 사직을 한다. 개인적인 이유일 수도 있고 회사에 적응을 못해서이기도 하다. 사직을 하고 휴식을 취하거나 이직을 하기도 한다. 그런데 지켜보고 있으니 많은 직원들이 사직 후 한 달이나 그 이상의 일정으로 유럽으로 혼자 여행을 떠나는 것을 봤다. 결혼을 안 한 30대 초반이긴 했지만 과감하게 여행을 떠나는 모습에 은근히 부러웠다. 회사와 가정에 매여 있는 나는 그럴 생각조차 못하며 지냈으니 말이다. 하지만 그런 모습들을 보면서 냉정하게 생각해봤다. 결혼을 하고 나서 세월이 흐른 만큼 아내와 내가 변해가고 있었지만 우리 자신을 위해서는 그 무엇도 한 것이 없었다. 계속 이렇게 살아간다면 시간이 흐르고 나서 후회만 남지 않을까 하는 생각이 문득 들었다.

아내와 나는 여행을 아주 좋아하는 것은 아니지만 항상 일상에서 벗어나 새로운 것을 해보고 싶은 욕구는 늘 있었다. 가끔 해외여행에 대해서 얘기할 때면 아내는 국내에도 가보지 못한 곳이 많은데 굳이 비싼 비용을 들여서 해외여행을 가냐고 한다. 맞는 말이긴 하다. 하지만 나이가 많이 들어서는 해외여행이든 국내여행이든 지금보다 맘껏 누리기 힘든 상황이 될 수도 있다. 아직 젊고 건강할 때 여행을 많이 해 보는 것이 좋지 않을까 하는 생각이 든다. 국내여행은 마음만 먹고 계획하면 언제든 갈 수 있지만 해외여행은 그렇지 않다. 사전에 미리 계획해야 하는 데다 몸 또한 건강해야 한다. 얼마 전 아내에게 물어 보았다.

"자기야, 내년에는 피지 섬에서 휴양도 하고 가족 크루즈 여행도 하자."

"좋지. 근데 비용이 많이 들지 않을까?"

"내년엔 꼭 가족여행을 하겠다는 게 비킷리스트 중 하나야."

"그래, 나도 꼭 갔으면 좋겠어."

"내가 진정으로 원하면 이루어질 거야!"

"그래."

6년 전 베트남에서 며칠 동안 여행한 이후로 해외여행을 간 적이 없다. 아니, 결혼한 이후로 그것이 처음이자 마지막이었다. 그만큼 여유도 없이 바쁘게 살아왔다. 금전적인 이유에서든 시간적인 이유에서든 말이다. 매달 받는 월급은 써야 할 곳이 모두 정해져 있었고 회사에 매여 있었기에 시간 또한 내가 만들어 낼 수가 없었다.

현재 나는 1인 사업가가 되기 위해 부단히 배우면서 준비하고 있다. 단기간에 성공해서 자리를 잡기가 쉽지 않겠지만 내가 생각하는 것들을 모두 이루어낼 수 있을 거라 믿는다. 내가 얼마만큼의 노력과 시간을 투자하느냐에 따라서 그 시기는 다를 것이다. 아내에게 다짐도 했다. 이 길에서 꼭 성공을 이뤄내고 나머지 삶은 베풀고 즐기면서 살자고 말이다.

얼마 전까지만 해도 세계 일주 여행이라는 것은 내 삶의 범주 내에 없었고 꿈조차 꾸지도 않았다. 하루하루 살아내는 것만으로도 기적이고 가족이 건강한 것만으로도 감사했다.

하지만 이제는 생각을 바꾸기로 했다. 여건이 안 된다고 꿈조차 꾸지 말라는 법은 없다. 그 여건이라는 것은 내가 얼마든지 만들 수 있는 것이다. 꿈꾸지 않는 것은 절대로 현실에 나타날 수 없기에 나는 무엇이든 꿈을 꾸기로 했다.

사업을 안정적으로 이끌고 나서 제일 먼저 아내와 단둘이서 세계 일주 여행을 계획하려고 한다. 내가 이렇게 생각하는 순간부터 세계 일주 여행은 가까워지기 시작했다고 본다. 앞으로 5년 후, 유럽에서 세계여행을 하고 있을 아내와 내 모습을 상상해 본다.

05

30개 나라에서
30번 30일의 삶 살기

사람들은 저마다 좋아하는 숫자가 있다. 그것을 행운의 숫자라고 생각하기도 한다. 각 나라별로도 행운의 숫자와 불행의 숫자가 있다. 우리나라는 천, 지, 인의 의미를 가지고 있는 우주의 섭리를 따르는 완전한 숫자로 '3'이 행운의 숫자다. 여기에 외국의 영향으로 럭키 세븐을 의미하는 숫자 '7'도 행운의 숫자다. 행운의 숫자는 각자가 특별히 부여하는 의미에 지나지 않는다고 생각한다. 자신이 좋아하는 숫자를 행운의 숫자라고 여긴다면 그만이지 않을까.

중국은 숫자 '8'이 행운의 숫자다. 2008년 중국은 최초로 올림픽을 개최했었다. 전 국민이 좋아하는 숫자를 상징하는 의미로

베이징 올림픽 개회시간을 8월 8일 8시 8분으로 정했다.

숫자에 관한 재미있는 기사를 읽은 적이 있다. 동아일보에 따르면 1997년 당시 태국의 차왈릿 총리는 미신 신봉자로 알려져 있다고 했다. 개각을 하기 몇 달 전 한 점쟁이로부터 숫자 '5'를 잘 활용하면 5년은 더 집권할 수 있다는 말을 들었다고 한다. 그는 그 후 5에 집착을 한 나머지 다음과 같이 개각을 했다. 개각을 단행하는 날을 15일로 정했고 5개 부처 5명의 각료를 경질하고 발표시간은 15시 5분에 했다. 이렇게까지 숫자에 집착할 필요가 있을까 싶은 생각이 들었다. 개인의 욕심을 위해 미신을 적용했다는 것이 정말 우스울 뿐이다. 차왈릿 총리는 개각을 한 후 몇 달 뒤인 그해 11월에 사임되었다고 한다.

나는 숫자 2와 3을 좋아한다. 3을 가장 좋아하고 2는 두 번째로 좋아하는 숫자다. 사람들은 저마다 자신이 좋아하는 숫자를 갖게 된 이유가 있을 것이다. 나 역시 마찬가지로 이유가 있다. 초등학교 5학년 때였다. 2학기가 시작되면서 다른 학교에서 여학생이 전학을 왔는데 나랑 짝이 됐다. 이성에 크게 관심이 없었지만 그 아이를 만나고부터 이상하게 좋아졌다. 어릴 때나 커서나 이성을 좋아하게 되는 특별한 이유는 없는 것 같다. 수업 시간에 일부러 장난을 치는 것으로 나의 마음을 표현했었던 것 같다.

그때 교내 우체국이 생겼는데 난생 처음으로 이성에게 고백하는 편지를 썼다. 마음이 전달되었는지 모르지만 그 아이와의 기억은 거기까지다. 당시 나는 5학년 2반이었다. 숫자 2에 끌리게 된 이유라고 생각된다. 6학년이 되면서 새롭게 학급이 구성되고 새로운 짝을 만났다. 이성에 한 번 관심이 가게 되니 계속 그런 감정이 생겼는지 6학년 때 짝에게도 관심이 있었다. 겨울에 생일이었던 나는 4학년 이후로 친구들을 초대해서 생일파티를 했었다. 그해 겨울 생일에 짝을 초대했다. 그리고 집에서 같이 사진도 찍었다. 6학년 때는 3반이었다. 그렇게 숫자 3은 내게 가장 소중한 숫자가 되었다.

이후에 어떤 숫자를 좋아하냐고 질문을 받으면 자연스레 숫자 3을 말하게 됐고 내가 좋아하는 숫자로 자리 잡았다. 우리나라가 예전부터 행운의 숫자가 3이었다는 것은 나중에 알게 되었지만 아무튼 다른 이유로 3이라는 숫자가 내게 특별해졌던 것이다.

요즘 여행자들의 로망은 해외에서 한 달 살기라고 한다. 나는 최근 아내와 많은 여행을 해야겠다고 생각하고 있다. 그러던 중 해외의 도시에서 한 달씩 살아보면 어떨까 생각하게 됐다. 막연하게만 생각하기보다 좀 더 구체적인 희망사항으로 버킷리스트에 적었다. 숫자 3을 좋아하는 내가 기획한 것은 서른 개의 나라에서 서른 번 삼십 일의 삶을 살아보는 것이다. 세상이 넓은 만큼 가보고 싶은 곳도 많다. 한 도시에 자리를 잡고 그 나라의 역사와 문화를 체험하고 배울 수 있는 서른 개의 삶을 꿈꾼다.

세계 여행을 해 보겠다는 계획도 갖고 있지만 한 나라에서 한 달을 살아보기 위해서는 많은 준비와 분석이 필요하지 않을까 생각된다. 일반적으로 하게 되는 여행지와는 다른 개념으로 접근해야 한다. 도시 하나를 정해서 정착할 것이기 때문이다. 머무는 한 달 동안 그 나라의 많은 것들을 찾아다니며 경험할 것이다.

서른 개의 나라를 정하는 것도 쉽지는 않겠지만 6개 대륙 골고루 다양한 특색을 가진 나라들로 정해서 가고 싶다. 아시아에서는 가까운 이웃 나라 일본으로 시작해서 동남아시아의 태국과 인도를 거쳐 몽골과 네팔, 사우디아라비아 등에 갈 것이다. 아프리카는 남아프리카공화국과 이집트, 섬나라 마다가스카르에 가고 싶다. 유럽은 영국과 프랑스, 독일, 스웨덴, 최북단의 아이슬란드를 리스트에 넣을 것이다. 아메리카 대륙 중 캐나다, 미국은 여러 도시를 살아보고 싶고 멕시코, 브라질, 페루, 칠레 등에 가려고 한다.

다양한 나라에 가서 살기 위해서는 가장 필요한 것이 무엇일까 생각해 보니 언어 문제가 가장 클 것 같다. 세계 공통으로 통하는 영어는 당연히 해야 할 것이다. 스페인어 또한 남미의 많은 국가에서 사용하는 언어이니 필요하지 않을까 하는 생각이 든다. 어디를 가든지 사람 사는 곳이니 손짓, 발짓으로 어떻게든 통할 것이다. 하지만 한 달이란 기간 동안 살아볼 계획이라면 몸으로 하는 언어로는 한계가 분명히 있을 것이다. 이웃 나라 일본은 직장 생활을 하면서 일본어를 익혔던 적이 있으니 크게 걱정되지는 않는다. 그 이외의 나라에서는 언어 문제가 있을 것 같다.

우선은 하루 일과 중에 시간을 할애해서 영어 공부를 해야겠다. 영어 공부를 해 나가면서 천천히 내가 가고자 하는 나라들의 리스트를 만들어볼 생각이다. 또 그 나라들에 대한 정보를 알아보고 익혀야 할 언어를 선별해서 기본적인 회화 정도가 가능하도록 준비할 것이다.

많은 시간이 지난 후에나 시작할 여정이지만 차근차근 준비할 생각이다. 준비기간은 막상 그곳에 가게 될 일들을 상상하면서 할 것이기 때문에 즐거운 일이 될 것이다. 지금 이 순간 상상하는 것만으로도 가슴이 뛰고 설렌다. 그리고 한 번에 쭉 이어서 하지도 않을 것이기 때문에 어떤 순서로 어느 시점에 갈지도 생각해 봐야 한다.

영어를 포함한 언어공부 또한 행복하고 즐거운 마음으로 할 수 있을 것 같다. 한 곳에 다녀올 때마다 많은 행복과 추억을 담아 오게 되고 그것을 토대로 여행 에세이도 쓰고 싶다.

아내와 나는 결혼한 지 15년째다. 10년 후에 은혼식을 기념하면서 이 프로젝트를 시작하려고 한다. 그때부터 결혼 30주년이 될 때까지 이루는 것이다. 생각만으로도 감격스럽다. 서로에게 꿍

장한 기념이자 선물이 될 것이다. 우리 부부는 30년을 각자 따로 살아오다가 하나의 가정을 만들고 15년을 보냈다. 지금껏 살아온 인생만큼의 시간이 우리에게 남아 있다. 함께하는 시간들 속에서 둘만의 행복한 기억들을 많이 만들고 싶다. 우린 그렇게 하기 위해서 사랑하고 결혼했다고 생각한다.

나는 내가 받은 것들을 세상에 모두 베풀고자 하는 소망을 가지고 있다. 다양한 나라에서 살아보는 경험은 내게 아주 소중한 일이다. 그 과정에서 얻게 될 행복, 여유, 자유, 감사를 세상에 환원할 생각이다. 그것이 최종적으로 내가 가고자 하는 길이다.

"서른 개의 나라에서 보낸 서른 번의 삼십 일의 삶의 기록이 책으로 나왔다. 이 책은 누군가에게 꿈과 도전이라는 목표와 희망을 만들어 줄 것이다. 내 삶이 기록된 책으로 사람들을 도와주고 싶다. 이것이 내가 새로운 도전과 경험을 추구하고 책으로 엮어내는 이유다. 지난 5년 동안의 이색적인 삶은 남아 있는 삶을 살아낼 힘이 되었다."

다른 사람에게 내가 어떤 사람인지보다 나 자신에게 내가 어떤 사람인지가 더 중요하다. 내가 되려는 사람으로 삶을 이끌어가자. 그리고 다른 사람의 시선을 의식하지 않고 나만의 삶에 집중해 나가자. 나는 또 다른 도전과 꿈을 꾸면서 오늘을 살아간다.

결코 길지 않은 인생에서 이루고 싶은 것들을 꿈꾸는 살아있는 삶을 지향하면서 말이다. 서른 개의 나라에서 서른 번의 삼십 일의 삶을 살고자 하는 나의 꿈은 반드시 이루어지리라 믿는다.

PART 5

베스트셀러 작가로
선한 영향력 전파하기

· 하 주 연 ·

하주연

정신보건 간호사, 희망 멘토, 작가, 동기부여가가

전업주부로 15년간 지내다 과거의 직업인 간호사로 새롭게 근무한 지 9년 차다. 주부생활이 길었지만 직업의 관점에서 새로운 세계의 경험이 더 많다고 거꾸로 생각하는 창의적인 직장인이다. 지금 순간에 의미 있고 재미있게 지내자는 마음으로 근무 중이다. 저서로는 《하루 10분, 내 마음 들여다보기》, 《부모님에게 꼭 해드리고 싶은 39가지》, 《되고 싶고 하고 싶고 갖고 싶은 40가지》, 《인생을 바꾸는 감사일기의 힘》 등이 있다.

E-mail skyvlla@naver.com   Blog blog.naver.com/skyvlla
Cafe mymindlab.co.kr

01

베스트셀러
작가 되기

나는 엄마가 일찍 돌아가셔 외가에서 자랐다. 6남매의 첫째인 엄마 덕분에 외삼촌 두 분, 이모 세 분과 같이 지냈다. 우리 집에는 책이 많았다. 당시 국어교육과를 다닌 첫째 이모와 둘째 이모의 영향으로 국어교육 관련 필독서들이 집에 있었다. 또 문고판들도 많이 있었다. 100권이 넘는 문고서적들은 제목만 봐도 다 읽은 느낌이었다.

외할아버지는 농협에 근무하시다가 정년퇴직을 하셨다. 그 후 서예를 하며 여가를 보내셨다. 퇴계학회지부장을 하시면서 여러 유학서적들을 가지고 계셨다. 한문으로 적힌 책들이 많아 나는 내용을 읽지는 못하고 구경만 했던 기억이 난다. 그 시절 학생이 있는 집에는 다 있던 두꺼운 백과사전은 펼쳐보기만 했지 관심은 없었다. 아마도 나의 지적인 호기심이 부족했기 때문이었던 것 같다.

중학교 때는 하교 후 거의 매일 동네 만화가게에 들렀다. 열심히 만화책을 보다가 귀가가 늦기도 했다. 지금 생각하면 책상도 없이 의자에 앉아 몰두한 모습들이 웃기기도 하다. 고등학교 때는 하이틴 로맨스류의 책들이 여학생들에게 인기가 많았다. 내용은 배경만 다를 뿐 줄거리는 모두 비슷했던 것 같다. 사춘기 때라 멋진 이성들이 상상 속에 자연스럽게 그려지는 시기였다. 뻔한 내용인 줄 알면서도 다양한 제목의 책들을 본 기억이 난다.《신부님 신부님 우리 신부님》같은 좋은 책들도 생각이 난다.

이렇게 지난 추억을 되돌아보니 내가 책을 좋아했다는 사실을 알 수가 있었다. 대학을 졸업한 후에는 일에 대한 스트레스도 많았지만 스트레스 해소를 위해 놀기에 바빴고 베스트셀러 위주로 독서를 했던 것 같다. 첫애를 임신을 했을 때는 나의 모든 환경이 나름대로 완벽했을 때라 태교에 집중할 수 있었다. 읽었던 책 중 기억나는 도서는《사서삼경》과《논어》였다. 삼국지의 유비를 선망하기도 했었다. 내 아이가 행복하고 세상에 휘둘리지 않는 아이가 되길 바랐다. 자신이 선택한 삶을 당당하게 살기를 희망하면서 현명하고 인자한 사람이 되기를 원한 태교였다. 당시 내가 지은 가훈은 '건강하고 바르고 슬기롭게'였다. 이렇게 정한 후 태교 일기에 그런 내용들을 적었다. 아이들이 초등학교를 다닐 때까지

가훈이라고 주장하기도 했다.

살아가면서 자연스럽게 희망사항이 생기기도 한다. 그것을 알기까지 시간이 걸릴 수도 있다. 나 같은 경우는 독자라는 신분이 당연한 것으로 알고 살았다. 작가는 아무나 될 수 없고 특별한 사람만 누리는 특권인 줄로만 알았다. 베스트셀러 작가는 이미 정해져 있다고 생각했다. 시중 출판사의 광고와 독자들의 입소문에 의해 보통 사람들이 범접할 수 없는 다른 세계의 사람이라고 생각했다. 그러나 나도 우연히 출간을 하게 되었고 내 책이 잠시나마 베스트셀러가 되기도 했다.

나의 출간과정은 이랬다. 당시 가정형편이 나빠지면서 살던 집의 대출이 많아 고민이 많았다. 매매 문제로 고민을 하다 부동산 공부를 해야겠다는 생각을 하게 되었다. 그래서 대학 부설 평생교육원에서 경공매과정도 들었고 경매학원의 기본과정에 참석하기도 했다. 자연스럽게 부동산 카페를 기웃거리다 〈한책협〉이라는 곳이 보여 가입을 했다. 예기치 않은 호기심이 발동되었던 것이다.

그곳의 게시글들은 어떤 내용이든 감탄사가 터져 나왔고 무조건 긍정적이며 한편은 선동적이었다. 특이한 곳이라고만 생각하다 책속의 글들과 의식과 관련된 독설은 나의 호기심을 자극했다. 그래서 〈한책협〉에서 진행하는 〈1일 특강〉에 참석하게 되었다. 지방인이라는 조건과 쉬는 날이 자유롭지 않은 직업적 특수성으로 인해 먼저 메일을 보내 다음 달 특강 날이 언제인지 문의했다. 그런데 담당 코치가 전화를 해서 나를 작가님이라고 부르는 게 아닌가.

"저는 작가가 아닌데요?"

그곳은 미래예언적인 단어를 사용하는 곳이었다. 많은 사람들이 작가가 되기를 원하는 곳이라는 말을 했다. 그러나 그런 말은 나에게 들어오지 않았다. 나는 작가가 되리라는 것을 생각도 하지 않았기 때문에 당연히 작가라는 호칭은 그냥 호칭으로만 생각을 했다. 사실은 부담스러웠다. 나와 남을 속이는 기분도 들었다. 거리에 나서면 사장님, 사모님이라는 말을 듣는 것처럼 말이다. 그런데 현재는 나도 작가가 되어 있다. 말의 힘을 여기서 경험을 했다.

시간을 투자해 힘들게 올라간 그곳에서 나는 기존 작가님들과 〈책 쓰기 과정〉을 듣는 예비 작가님들을 신기하게만 바라봤다. 역시 서울, 경기권 사람들은 뭔가 다르구나 하는 생각이 들기도 했다. 쉬는 시간 중간에 추천하는 도서들을 보니 과거에 읽었던 책들도 눈에 띄어 반가웠다. 코드가 비슷한 곳이라는 안도감이 들었다. 그러나 낯선 책들도 많았다. 한 번도 본 적이 없던 책들에 호기심이 생기기도 했다. 다행히 책을 좋아하는 편이라 김태광 대표 코치의 추천 책들을 가져 올 수가 있었다.

특강에 참석은 했어도 처음부터 〈책 쓰기 과정〉에 등록할 생각은 없었다. 비용과 시간을 떠나서 나 자신이 책을 쓸 만큼 내세울 것이 없었기 때문이다. 하지만 내 옆에 앉았던 임원화 코치가 나도 책을 쓸 수 있다는 자신감을 심어 주었다. 내 직업인 정신과 간호사의 관점에서 그리고 내가 살아온 과정에서 할 이야기들이 많을 거라고 했다.

그녀의 전직이 나의 호감을 끌었다. 나와 같은 간호사 출신이어서 더 반갑고 대단해 보였다. 당시 나는 멋진 중년이 되고 싶었다. 경제적인 어려움을 겪는 중이었지만 나의 자존감에 손상을 입히고 싶지는 않은 상태였다. 그래도 〈책 쓰기 과정〉은 등록할 생각이 없었다. 그러나 당시 출간을 앞둔 선배 작가인 유영희 작가가 마이크를 잡으며 하는 말에 등록할 마음을 먹게 되었다.

"자신을 되돌아보는 계기가 되어 좋았어요."

이 말이 나에게는 먼 거리를 이겨낼 용기를 주었고 나의 자랑스럽지 않은 옛이야기들을 끄집어낼 수 있게 해주었다. 선배 작가의 한마디가 후배 작가에게 영향을 주고, 영향을 받은 내가 다시 다른 분들에게 돌려주고 싶은 욕망이 생긴 것이다. 나는 억지로 자료를 조사하고 보기 좋은 내용들로 책을 쓸 생각은 없었다. 자신만의 한계에 갇혀 나만 힘들다고 생각하는 사람들에게 나의 이야기로 그들의 삶에 보탬이 되고 싶었다.

나는 평소에 글 쓰는 습관이 없던 터라 목차를 완성하고 글을 채우는 과정이 고통스러웠다. 무슨 대단한 글을 쓴다고 이런 경험들을 하나 싶다가도 글을 쓰면서 나의 과거에서 행복과 감동을 받으며 그 시기의 모든 분들에게 감사의 마음을 갖기도 했다. 책을 쓰면서 행복하기도 하고 불만을 느끼며 자연스럽지 않은 부분들에 실망을 하는 등 내면의 전쟁을 치르며 탄생한 책이 《하루 10분, 내 마음 들여다보기》다 .

　〈한책협〉이 아니었으면 이런 책이 나오지 못했을 것이다. 나의 보잘것없는 이야기와 내가 살아온 방식이 다른 이들에게 도움이 된다는 것도 생각하지 못했을 것 같다. 주변 지인들과는 평소에 대화로 서로의 생각을 자주 나누기는 하지만 자주 보지 않는 분들은 이렇게 힘들게 살아온 줄은 몰랐다며 위로를 건네기도 한다. 책이 나오니 더 이상 나만의 책이 아니라는 것을 알겠다. 독자의 시각으로 각자 자신의 관점에서 나를 바라본다. 어떤 이는 걱정을 해 주기도 하고 어떤 이는 계속 책을 쓰라고 응원을 해 주기도 한다.

　처음 쓴 책이라 나에 대해 모든 것을 드러냈다는 생각이 든다. 두 번째 저서에는 어떤 내용이 들어갈지 지금은 알 수가 없다. 확실한 것은 이렇게 오래 살아온 만큼 받은 것 이상으로 나누고 싶은 마음이다. 솔직히 지금 죽어도 여한이 없다. 그러니 따뜻한 것들을 나누고 성장시키는 일을 하고 싶은 것이다. 그중에 베스트셀러 작가라는 타이틀이 떠오른다. 베스트셀러 작가가 되면 책을 읽지 않는 사람도 관심을 가지게 된다. 진열되어 있는 책들을 보면서 그 책의 제목을 통해 자연스럽게 어떤 내용일지 생각하기 때문이다.

나는 사람들이 나의 책을 보면서 따뜻함을 느끼길 바란다. 나는 베스트셀러 작가로서 선한 영향력을 주며 살아가고 싶다. 세상에 단 하나뿐인 자신을 사랑하라는 메시지를 전달해 줄 수 있다면 최고의 삶이 아닐까 하는 생각을 해 본다.

02
라디오
출연하기

　1960년대 후반에 출생한 나는 사춘기를 보내는 동안 틈틈이 라디오를 들었다. 라디오에서 나오는 신나는 음악에 맞춰 친구들과 춤을 추며 놀던 기억도 난다. 라디오 DJ의 멘트에 따라 행복하기도 하고 슬프기도 했다. 휴대용 라디오카세트인 삼성의 마이마이와 소니의 워크맨이 학생들에게 인기가 많았다. 성인이 되어서 어학용으로 파나소닉의 카세트를 샀던 기억도 있다. 그때 뒤늦게 산 물건을 아직 버리지 않은 것을 보면 당시의 추억을 소중하게 간직하고 있나 보다.

　나의 10대 때는 팝송이 대세였다. 고등학교 때는 방송반 친구에게 이모들을 통해 들었던 아바의 노래를 다양하게 틀어달라고 신청하기도 했었다. 집에 있던 기타 반주용으로 나온 팝송 책을 들고 다니며 아는 노래들을 따라 부르기도 했다. 고교시절에 잠을 자는 시간 외에는 거의 학교에서 생활을 하다 보니 고3 때는 종례인사가 "집에 다녀오겠습니다."였다. 고교시절에 힘들게 공부한 기억보다는 친구들과 교감했던 시간들이 떠올라 행복하다. 성인이 된 후에는 아이들이 유치원에 간 틈을 타 문화센터 팝송반에서 노래 부르는 즐거움을 누리기도 했다.

요즘에는 국내가수의 노래를 즐겨 듣는다. 요즘 노랫말은 예전에 비해 표현방식이 다양해졌다. 감성적이고 아름다운 노랫말을 짓는 작사가도 있지만 직설적이며 외래어와 한글이 섞여 한 번에 알아들을 수가 없는 경우도 있다. 힙합을 좋아하는 큰아들 덕분에 가끔 알아들을 수 없는 랩을 들을 기회가 있다. 그럴 때마다 나는 시끄럽다는 생각만 했었다. 내용을 보니 현 사회의 부조리한 부분과 방황하는 자신들의 이야기를 운율에 맞게 표현을 한 것들이 많았다. 새로운 문화지만 알고 보면 이해할 수 있는 부분도 있어서 어느 정도는 알아야겠다는 생각이 들기도 한다.

문화 창조라는 측면에서는 할 말이 없지만 고유한 한글의 아름다움이 파괴되는 것 같아서 씁쓸하기도 하다. 순간적인 흡수력은 있을지라도 지나친 상업화를 부채질할까 걱정이 된다. 청소년들이 의미 없는 순간의 즐거움에만 노출이 되는 것이 아닌지 그리고 생각할 기회를 빼앗기는 건 아닌지 걱정스럽기도 하다. 과거의 은유적인 즐거움은 약해져 시대의 변화를 느끼는 중이다.

예전에는 라디오에서 나오는 노래를 테이프에 녹음해서 돌려 듣는 친구들이 많았다. 나는 기계와 친하지 않아 친구들이 녹음해서 테이프를 전달해 주기도 했다. 라디오는 밤늦은 시간에 주로 듣다 보니 감성적이며 상상력도 풍부해지는 것 같았다. 라디오 DJ 들의 목소리는 집중력을 좋게 했다. 나는 시험공부를 한다는 평계로 라디오를 듣다 잠들기 일쑤였다. 늘 불을 켜놓고 자는 나 때문에 외할머니는 수시로 불을 끄기 위해 방에 들르기도 하셨다. 다음날 나는 "할머니, 저를 깨워주시지 않구요!"라며 짜증을 냈던 기억이 난다.

내가 방송매체 중 라디오 출연을 원하는 이유는 남 앞에 나설 외모가 아닌 것이 첫 번째 이유다. 여러 가지로 보여지는 것이 많은 방송매체보다는 목소리에 진정성을 가지고 청취자들과 공감을 할 수 있다고 본다. 다행히 비호감인 목소리는 아니어서 전달하고자 하는 내용을 편하게 말할 수 있을 것 같다.

나는 책이 나온 후 대중매체를 활용해서 나를 필요로 하는 곳을 찾는다는 생각은 하지 못했다. 하지만 우연을 가장한 필연으로 나에게 연락을 오기를 바라고 있다. 생각하는 것이 평범하다 보니 이런 주제의 글을 쓰면서 신기하고 재미가 있다. 일단 쓰고 이뤄짐을 믿어 보는 용감함이 좋다. 상상에서 모든 것들이 이뤄진다고 하지 않는가.

오래전 우리 아이들이 롤러블레이드를 한참 타고 놀 때였다. 안전한 곳을 찾다가 인근에 새로 생긴 문화회관이 있다는 사실을 알았다. 그 후 그곳으로 아이들을 자주 데리고 다녔다. 간식거리들과 흙 묻은 신발들로 인해 차 안은 정신이 없었다. 그래도 엄마 역할 중 외부활동은 열심히 다녔다. 후회하지 않을 만큼 최선을 다했고 되돌아가고 싶은 시절이기도 하다.

어느 날 평소와 비슷하게 아이들은 블레이드를 신고 놀고 있었다. 구경하는 나에게 누가 인터뷰를 하자고 했다. 알고 보니 새로 생긴 문화회관에 대해 시민들의 반응을 취재하는 것이었다. 나는 기다렸다는 듯이 아이를 키우는 부모로서 필요한 시설이 생긴 것에 대해 자연스럽게 좋은 점들을 이야기했다.

"이런 곳이 없다가 생기니 너무 좋아요. 공연을 보러 멀리 가지 않아도 되니까 좋아요. 이 지역도 문화욕구를 충족시킬 수 있어 구민으로서 자랑스러워요."

당시 라디오 인터뷰라는 경험은 생전 처음이라 신기했다. 이 글을 쓰면서 떠오르는 행복한 추억이다. 인터뷰 내용을 확인하라며 방송 날짜와 시간을 알려 줬지만 아이들을 키우다 보니 라디오를 들을 시간이 없었다. 이 글을 적는 지금, 직접 확인을 못한 사실이 아쉽게 다가온다. 나의 목소리가 궁금해진다.

다시 생각을 해 보니 라디오와의 또 다른 인연이 있다. 나는 주부로서는 능력이 많이 부족하다. 아이들과 놀러 다니는 것 외에는 잘하는 것이 없었다. 조미료 맛에 길들여진 남편은 천연재료로만 맛을 내는 나의 요리가 마음에 들지 않는 것 같았다. 자신의 입맛에 맞지 않는 요리 실력에 불만을 가지다 결국에는 나에게 요리학원을 알아보라고 하며 학원비까지 건네줬다. 그럴 필요까지는 없었지만 남편의 의견을 따라 주어야 집안이 조용해지는 편이었다. 남편 덕분에 아이들이 초등학생이고 주부 경력 10년 차인 내가 생활 요리반에 다니게 되었다.

당시 요리학원 강사가 라디오방송국에 출연 중이라고 했다. 덕분에 요리를 배우는 사람들을 취재하러 나왔을 때 나를 인터뷰하게 되었다. 결혼을 앞둔 예비주부들이 대부분이어서 나의 주부경력이 부끄러웠던 경험이었다. 인터뷰 중 요리학원에 보낸 남편에 대한 험담을 하며 주변을 즐겁게 했던 기억이 난다. 라디오의 장점인 시선의 혼란과 긴장감 없이 내용과 상대에 집중할 수 있어 좋았던 것 같다.

나는 불필요하게 유명해지고 싶지는 않다. 사생활도 존중받아야 하기 때문이다. 유명해지고 싶은 생각보다는 영향력을 주고 싶다는 생각이 크다. 나잇값을 하고 싶다는 욕심이다. 외형적인 관심을 받고 싶다는 생각은 다행히 없어서 있는 모습 그대로 청중들에게 다가가고 싶다. 예의를 갖춘 행색과 과시하지 않는 진솔하고 울림이 있는 작가가 되고 싶다.

라디오를 좋아하는 사람들은 상상력이 풍부한 사람이라고 생각한다. 자유로움과 여유로움이 더 많을 것 같다. 받아들임에 인색하시 않을 것 같아 편안하게 출연하고 싶다. 라디오는 시청자들이 시간을 빼앗기지 않고 자신의 일을 하면서 들을 수 있어서 좋다. 운전을 하든 설거지를 하든 상관없이 손이 자유로울 것이기 때문이다. 그들의 소중한 일들과 함께하고 싶다.

03

해외저작권
수출하기

'해외저작권 수출하기'라는 나의 소망은 정말 단순하다. 사람 사는 곳은 어디든 똑같다는 생각이 그 희망의 시작이다. 우리가 읽는 책들은 번역서도 참 많지만 공감하는 이유는 사람살이라는 공통점 때문이다. 과거에는 아무런 생각이 없었다. 그러나 내가 저자가 되어 보니 나도 외국인들에게 도움을 줄 수 있겠다는 생각이 든다. 나의 책이 없었다면, 아니 〈한책협〉의 김태광 대표 코치가 없었다면 이런 생각을 하지 못했을 것이다.

나는 내가 원하는 것들을 종이에 적고 있었다. 언제부터인지는 모르지만 메모를 하고 다니는 습관이 생긴 것이다. 메모의 좋은 점은 알고 있지만 〈한책협〉 카페 회원들만큼 실행하며 이루는 사람들이 많은 곳은 없다는 생각이 든다. 카페 안에서는 모든 것이 긍정적이며 서로가 서로에게 힘이 되어 준다. 격려해 주는 코치님들과 글을 쓰는 회원들도 같이 성장하는 곳이다. 나는 카페 가입을 해도 카페에 대한 세세한 내용은 잘 몰랐다. 필요한 부분만 보고 바로 나왔기 때문이다. 시력도 좋지 않으니 흘려보내는 정보도 많았을 것이다. 카페에 글을 제대로 올리지도 못해 여러 번 통화를 하기도 했다. 내가 나이가 많은 편이고 이해력이 떨어져 답답했을 것이다.

뒤늦은 새로운 문화생활은 내가 살아 있는 듯한 기분을 느끼게 해주었다. 직장은 그냥 다니는 곳이지만 근무시간만큼은 대상자들과 동료들에게 선한 영향을 주려고 노력하고 있다. 그러나 퇴근 후에는 피곤이 밀려와 다른 것들은 할 수가 없었다. 아니, 친구들과의 수다와 쇼핑 외에는 체력이 부족했다. 그러나 책 쓰기 수업을 위해 7주 동안 다니면서 다른 여러 프로그램들을 호기심으로 듣다 보니 시간은 어느새 몇 달이 흘러가 있었다.

친한 친구 한 명은 동남아에서 사업을 하는 한국인 남편을 만나 20년째 살고 있다. 그녀는 얼마 전 아이와 함께 귀국했다. 그녀의 남편은 해외 사업지와 한국을 번갈아가며 지낸다고 한다. 그녀에게는 평범하지 않은 사연이 있다. 자폐증을 앓고 있는 아들이 있는데 아이의 자폐증을 인정하는 데만 5년이 걸렸다고 했다.

친구는 결혼식 직후 곧장 인도네시아로 건너가 살면서 고용인 세 명 틈에서 살았다고 한다. 한국에서 온 이웃들과 어울리며 향수를 달래기도 하고 아이는 태어난 이후 가끔 보모의 손에서 지낼 때도 있었다고 했다. 잘 지내고 있는 줄 알았는데 말이 늦은 아이가 이상해 한국에서 검사와 진단을 받고 결과에 충격을 받아 몇 년간 친구들과 연락을 하지 않았다고 했다.

나도 나에게 경제적인 문제가 닥치기 전에는 친구들에게 먼저 연락을 하고 모임을 주선하는 성격이었다. 그러나 문제가 생기니 친구들과의 관계가 소원해졌다. 내가 연락을 하지 않으니 자연스럽게 연락두절이 된 것이다. 사람에 대해 다시 생각하는 시간들이었다. 먼저 손을 내미는 사람이어야만 관계가 유지된다는 깨달음도 있었다. 대신 이웃사촌들과는 유대가 계속되었다. 나의 모든 과정을 옆에서 지켜봐주고 격려를 해준 고마운 이웃이다. 그래서 먼 친척보다 이웃사촌이라는 말이 생겼나 보다.

내 친구가 고통의 시간 동안 함께한 것은 종교였다고 한다. 독실한 불교신자였던 그녀는 교육시설이 있는 성당에 아이를 먼저 보냈다고 한다. 그러나 아이가 적응을 못하자 아이를 위해 다시 근처 교회의 유아원에 보내게 되었다고 했다. 그곳에서 적응을 잘하는 아이를 보면서 감사한 마음으로 교회에 봉사를 다녔다. 아이만 보내는 것이 마음에 걸려 종교를 바꿨다고 했다. 종교문제에 있어서 친정 부모님의 반대가 심했지만 아이를 지켜보겠다는 모성이 더 강해 말 잘 듣는 착한 딸보다는 부족하지만 강한 엄마를 선택했다고 했다. 이런 마음으로 아이는 잘 자라 부모의 희망이 되어 주고 있다. 이제는 아이와 함께 어디든 다니며 아이를 소개시켜주기도 한다. 아이 덕분에 겸손을 배우고 사랑을 나누고 있다고 한다. 모두 아이 덕분임을 강조한다.

친구의 이야기를 듣다 보니 외국에 살고 있는 우리 교포들에게도 도움이 되고 싶다는 생각이 들었다. 이겨 내지 못하는 문제는 없지만 이겨 내는 과정에서 실망을 하거나 상처를 받는 교포들에게 도움이 되고 싶다. 현지에서도 팔리는 책으로 말이다. 국내 책을 사고 싶어도 배송비가 비싸다고 한다. 현지에서 팔리는 책이라면 가볍게 읽고 향수를 달랠 수 있지 않을까 싶다. 나는 해외저작권 수출을 통해 다양한 상황에 처한 해외에 동포들과 현지인들에게 한국에서 일어나는 사람들의 이야기를 들려주고 싶다. 알 수 있는 언어로 공통된 문화를 이야기하며 책을 매개체로 공감하는 강연도 하고 싶다.

친구와 서로 연락이 되지 않았던 이유들을 이야기를 하다가 나도 나의 사정을 얘기하며 힘을 얻기도 했다. 경험하지 않으면 절대 공감이 되지 않는 일들을 나누며 담담하게 인정하고 지내는 친구가 대견하다. 스무 살에 처음 본 앳된 우리가 아니라 중년의 강인한 엄마가 되어 있음에 자랑스럽기도 했다.

나의 또 다른 친구는 호주로 어학연수를 갔다가 현지인 교수와 결혼했다. 아이가 셋이라 정신없다고 하면서도 가끔 한국에 나오면 다른 나라를 경유해 여행을 다니기도 한다. 나에게는 부러운 모습의 친구다. 그런 그녀도 늘 한국이 그립다고 한다. 한국의 교육수준이 높아 평생교육원들의 프로그램은 호주에 없는 것들이 많아 한국이 선진국임을 강조하기도 한다. 그녀는 가끔 자신이 살고 있는 동네의 사진을 보내 주기도 하는데, 자연환경이 좋은 곳이라 부럽기도 하다.

외국에 산다고 해서 아이들의 대학 진학에 대해 걱정하지 않는 것은 아니다. 부부 갈등도 생길 것이고 문화는 다르지만 시댁과의 갈등도 있다. 갈등 해소도 문화에 따라 해석을 하는 시각이 달라지니 현지인과 사는 교포들은 답답함이 더 할 수도 있다. 나의 책에는 부부 갈등과 외로운 성장기, 사춘기 아이들, 이혼을 하려는 사람들 등 여러 이야기들이 녹아 있다. 해당사항이 없는 훌륭한 독자들에게는 공감이 힘들 수도 있겠지만 대다수의 평범한 이웃들에게는 도움이 되리라 본다.

"행복한 결혼생활은 상대와 얼마나 잘 지낼 수 있느냐가 아니라 얼마나 불일치를 감당할 수 있느냐에 달려 있다."

톨스토이의 말이다. 결혼한 성인들에게 결혼 생활은 모든 것이 실제 상황이다. 나는 결혼한 사람들이 겪는 다양한 상황들이 비단 부부에게만 한정된 문제는 아니라고 생각한다. 부부로 인해 발생하는 새롭고 다양한 관계들도 영향을 줄 것이다. 나는 지구상에서 다양한 사람들과 지내고 있는 모든 독자들과 소통하고 싶다. 반드시 해외저작권 수출의 꿈을 이루어 많은 사람들이 서로의 불일치를 인정하면서도 자신에게 내재되어 있는 안정감을 찾을 수 있도록 도와줄 것이다.

04

교과서에 내가 쓴 글
등재시키기

나는 사람들에게 관심이 많다. 그들의 생각과 감정들을 어떻게 선택하는지, 어떻게 대인관계에 활용하는지, 자신들에게 어떤 이로운 감정을 선택하는지 등등….

이른 나이에 돌아가신 엄마를 대신해 외가 어른들의 보살핌을 받고 자란 나는 이모 세 분, 외삼촌 세 분과 지내며 보고 들은 것들이 많다 보니 인간관계가 넓을 수밖에 없었다. 외삼촌들은 서울에서 대학을 다녀서 자주 보지는 못했으나 방학 때면 작은 외삼촌의 기타반주에 맞춰 팝송들을 자주 불렀다. 레코드판도 많았던 것 같다. 사춘기인 이모들의 성장을 나이 어린 나도 관찰할 수가 있었다. 작은 외삼촌과 자주 어울리는 모습에서 각별한 오누이의 애정을 느낄 수가 있었다.

나는 서울에서 대학을 다니는 외삼촌들이 자랑스럽기도 했다. 작은 외삼촌은 가수 윤수일 씨를 닮아 인기가 많았다. 당시 집에는 집안일을 도와주는 이모가 계셨는데 유달리 그 이모가 작은 외삼촌을 잘 따랐다. 작은 외삼촌은 나에게도 용돈을 잘 주셨는데 그 이모에게도 잘 챙겨 주셨다고 한다. 젊은 시절부터 베풀기를 좋아하는 외삼촌을 보면서 지금도 베풀고만 계셔서 늘 감사하다.

좋은 부모 밑에서는 좋은 자녀가 될 수밖에 없음을 외가 식구들을 통해서도 알 수가 있다. 그들의 자녀인 외사촌동생들을 봐도 그렇다. 형제끼리 험담하는 모습은 거의 없었고 오누이들이 단합이 잘됐다. 엄격한 외할아버지와 따뜻한 외할머니의 양육태도 속에서 자라다 보니 좋은 기운들을 받고 성장한 듯하다.

외가에서 키워주지 않았으면 나는 어떻게 됐을지 알 수 없다. 지금상태가 최선의 상태라고 믿고 있다. 현재까지도 외형적으로는 가진 것이 없는 불쌍한 나지만 은혜에 보답하겠다는 막연한 생각은 늘 가지고 있었다. 이런 성장과정을 담고 생각한 글들이 책으로 나와 외가의 사랑에 보답을 할 수 있어 감사하다. 더 욕심을 내어 나의 경험들을 주변에 나눠서 그들이 현재 모습을 사랑하는 모습이 키워준 사랑에 보답하는 것도 한 방법이라고 생각한다.

아동기와 청소년기를 거치면서 나에게 영향을 준 여러 경험들이 도움이 되었으면 한다. 교과서에 실려 아이들에게 자신을 포기하지 않는 용기를 주고 싶다. 힘들게 계획을 세우고 나를 이기는 괴로운 방법 말고 누군가의 조언을 자신이 선택해서 듣고 따르다 보니 어느새 자신도 모르게 대중들에게 좋은 영향을 주는 결과가 나오는 것처럼 말이다.

남들이 볼 때 불우한 어린 시절을 보냈던 내가 어느덧 자라 두 아이의 엄마가 되어 책을 내고 세상에 자신을 알리게 되었다. 그런 개인의 인생성장의 과정이 청소년들에게 도전의 모습으로 봐줄 수도 있을 것 같다.

중년의 도전도 학생들에게는 좋은 이야깃거리가 된다고 생각한다. 그냥 보통의 엄마이면서도 자신을 개발하는 과정 중에 개인 저서가 나왔다. 청소년들이 보기에는 50대를 바라보는 내 나이가 너무 많게 느껴지기도 할 것이다.

고인이 되신 우리 외할머니와 나의 나이 차는 41세다. 현재의 나의 나이가 과장되면 할머니 세대로 보일 수도 있겠다. 나이 많은 사람의 가치관을 들여다보며 어리지만 미리 미래를 대비하는 것도 재미있겠다는 생각이 든다.

이제 걸음마를 떼고 걷는 조카와 초등학생인 조카들을 보면서 자랑스러운 어른이 되고 싶다. 그 아이들이 배우는 교과서에 내 책의 어느 부분이 실려 집안의 좋은 기운을 가져가게 하고 싶다. 은혜에 대한 개념을 심어 주는 것만 해도 감사하다.

동화작가인 큰이모님은 살아 있는 생명에 대한 호기심이 많다. 길거리의 풀꽃들과 잡초들이지만 그들의 이름을 찾아주고 싶어 한다. 길을 가도 그냥 지나치지 않는다. 사진을 찍어 포털사이트인 다음의 꽃 이름을 알려주는 기능을 눌러 확인해 본다. 그런 모습을 이모부는 놀리기도 하신다. 그녀의 자녀들이 결혼을 해 손자가 세 명이다. 그들과도 잘 어울리며 아이들의 눈높이에 맞게 친구처럼 대한다.

동심을 잃지 않는다는 것은 세대 차이를 잊게 만드는 마법처럼 보였다. 그녀의 천진난만한 성격이 동화작가가 되게 하였는지도 모르겠다. 고등학교에서 국어교사로 재직하다 전업주부로 지내면서 신춘문예지에 동화부분이 당선되면서 등단을 했다.

나는 이렇게 등단이 되어야만 작가가 되는 줄로만 알았다. 그러니 나와 작가는 어울리는 조합이 될 수가 없었다. 그런데 나의 저서가 나오다 보니 나를 필요로 하는 곳이 한 곳이라도 생기리라 믿는다. 보이지 않는 힘이 나의 이야기를 풀어 놓은 것처럼 다른 사람들을 위해서라도 그들이 스스로 자신을 풀어놓는 동기를 주고 싶다.

학창시절에 눈에 띄지 않던 나였지만 조금씩 성장한 모습은 공부를 잘하는 모범학생이 아닐지라도 개성 있음을 알려 주고 싶다. 학창시절 존재감 없던 아이의 글도 교과서에 실려 학생들의 공평한 학창시절을 존중했으면 한다. 꽁꽁 숨겨 놓은 감정들을 이렇게 글로 쓰다 보면 어느새 부드럽게 녹아내려 자신을 훨씬 윤택하게 만들어 준다. 그런 감정은 주변의 모든 것들을 흡수시켜 새로운 해석을 내리기도 한다. 삶은 결국은 해석이니 나의 해석이 도움이 되고자 하는 것이다.

교과서라는 매체는 학생들에게 다양한 체험을 안겨 주리라 믿는다. 교과서에 나의 글이 실린다는 것은 나의 살아온 세월과 가치관이 공감이 된다는 의미니 더 열심히 살 의무를 줄 것 같다. 직업이 간호사인 관점에서 세상을 바라보는 시선이 공감되길 바란다. 직업을 선택하기 위해 진로를 고민 중인 학생들에게 도움이 되고 싶다. 직업군에 따라 느끼는 사회의 모습은 각양각색일 것이다.

우리 아들들의 청소년기를 곁에서 지켜보면서 배우고 느낀 점이 많다. 아이들이 부모를 성장시킨다. 필요할 때 곁에 있어 주는 어른이 되고 싶다. 청소년기는 또래 친구가 최고라고 본다. 또래와의 의논과 상담에서는 들어주는 것 외에는 해결책이 나오기가 힘이 드니 마지막으로 도움을 줄 수 있는 어른이 되고 싶은 것이다. 그들끼리의 충분한 의견 교환 후에 먼저 인생을 산 선배로서 그들의 최선의 선택에 보다 나은 영향을 끼치고 싶다.

교과서에 내 글이 실린다면 엄마를 대신해 외가의 장녀 역할을 하고 있는 큰이모에게 기쁨을 안겨 줄 것 같다. 이모와 조카가 함께 교과서에 글이 실린 작가라는 미래의 사실에 무척 설렌다. 이 글을 쓰면서 상상이 현실이 됨을 믿어 본다. 금전적인 면에서도 받기만 한 상태라 먼 훗날 다 갚을 수 있는 액수지만 교과서 등재의 기쁨이 먼저인지 경제적인 해결이 우선인지 결과가 더 궁금해진다. 결국은 모두 해결될 것이지만 말이다.

05

대형서점에서
사인회 열기

　살면서 부동산과 관련이 없는 사람은 없을 것이다. 나는 부동산으로 고생을 한 적은 한 번도 없었다. 지금의 집을 사기 전에는 말이다. 내가 결혼생활을 하는 동안 살았던 집은 현재 살고 있는 집이 세 번째 집이다. 평수는 옮길 때마다 넓어졌지만 현재 살고 있는 아파트로 인해 고민이 많았다.

　집에 대한 나의 생각은 미리 투자 목적 겸 실거주 목적으로 자연스럽게 넓혀 간다고 생각을 했었다. 이 집은 분양 당시 평당 최고가의 아파트였다. 남편이 일정 수준의 자금으로 해결해 줄 것으로 생각하고 살았는데 예기치 않은 일로 한순간에 하우스푸어가 되어 버렸다. 원래 살던 집을 팔아 잔금을 치르고 입주를 한 곳이다.

이사를 오기 전에 살던 곳은 아이가 있는 부모는 누구나 원하고 현재도 여러 편리성으로 인해 가치가 있는 곳이다. 주변 사람들이 의아해했지만 남편의 투자정보가 정확하다는 생각으로 남편만 믿고 결정했다. 나는 부동산에 관심도 없었고 아는 것도 없었다. 순리대로 잘 살고 있다는 생각만 한 것이다. 그러나 그곳은 시대적인 문제로 여러 사건에 휘말리면서 팔려고 해도 한동안 매매가 되지 않았다. 몇 년을 부동산 사무실에 내놓았지만 터무니없는 가격으로만 거래를 원했다. 당시 나는 한 치 앞도 못 보고 다른 지역의 더 큰 평수에 계약도 한 상태였다. 결국 계약 포기금만으로도 1억 원 가까운 돈이 없어졌다. 잘못된 판단으로 마이너스가 된 것이다.

희한하게도 아파트의 상황과 나의 상황이 우연히 일치했다. 나쁜 것으로 말이다. 남편의 사업 실패로 인해 채권자들은 재산을 은닉했다고 생각할 수도 있었을 것이다. 담보대출이 저렴하기에 남편은 최대로 받아서 사용한 상태였다. 집이 나의 명의로 되어 있으니 문제가 생겨도 내가 모든 것을 알아봐야 했다. 해약한 적금과 보험금으로 고스란히 고액의 이자를 지불하며 살아갔다. 경매로 넘어가지 않기 위해서 내가 할 수 있는 최선이었다. 그동안낸 이자가 원금의 25%를 향해 가고 있었다. 몇 년을 이자만 내는 처지가 힘들었지만 어쩔 수가 없었다. 이자라도 내야 주거의 안정이 보장되기 때문이다. 집이 팔려야 평수를 줄여서라도 살 수가 있었다.

성장하는 아이들에게는 최소한의 피해만 주고 싶었다. 금액만 보면 나의 상황은 이상해 보일 수도 있다. 단칸방에 살더라도 모든 것을 정리할 마음도 있었다. 그러나 아이들의 학교와 주거의 안정이 주는 보이지 않는 큰 힘이 있었다. 세월이 흘러 지금 생각을 해보면 걱정거리였던 집이 우리를 보호해 준 느낌이 강하게 든다. 그동안 살아온 흔적들이 나로 하여금 책을 쓰게 만들었기 때문이다. 지금도 변함없이 글을 쓰게 하는 이 공간이 사랑스럽다. 한결같이 나를 지켜준 것 같기 때문이다.

불행했던 일을 계기로 내 집을 지키고 싶었다. 자연스럽게 부동산에 관심을 가지면서 대학 부설 부동산 공경매과정도 수료했다. 당시 교수님께서는 부동산 쪽으로는 처음인 나에게 총무를 시키기도 하셨다. 수강생들 대부분은 부동산과 관련된 사람들이었다. 나는 아무 말도 하지 않았는데도 교수님이 나의 직업을 맞추셔서 너무 신기했다. 수업은 초보인 내가 알아듣기 힘든 이론적인 내용이 많았다. 그래도 부동산에 대한 관심은 가질 수가 있었다. 부동산 카페에 가입해서 카페가 마련하는 저자강연회가 열리면 읽던 책을 들고 사인을 받으러 가기도 했다. 또 좋아하는 매니저가 모임을 마련하면 참석하기도 했다.

자기계발서 분야 저자강연회에 간 것은 교보문고에서 열린 《권 중사의 독서 혁명》의 권민창 작가의 강연회가 처음이었다. 그는 〈책 쓰기 과정〉의 동기였지만 과정을 마치기도 전에 출판계약까지 한 상태였다. 나는 미리 근무 시간을 조절하고 참석했다. 그는 알고 보니 다양한 매체를 활용할 줄도 알았고 미리 블로그와 카페에서 활발하게 활동하던 전도유망한 청년이었다.

당시 참석한 독자들은 그가 운영하는 독서모임 회원들이 많았 다. 나는 블로그를 할 줄도 몰랐고 〈책 쓰기 과정〉도 호기심으로 다니고 있던 사람이었다. 저자라는 신분은 나 같은 사람과 관계 없는 일처럼 생각하고 있었다. 그는 완벽한 외모와 경험 많은 언 변으로 청중들을 대하고 있었다. 자리가 넘쳐 안으로 들어 갈 수 도 없었다. 덕분에 아는 지인들과 바깥에서 신기하게 쳐다보며 그 를 부러워하기도 했다. '역시 준비된 사람들은 다르구나', '젊은 사 람은 뭘 해도 멋지구나!'라는 생각이 들었다. 동기로서 자랑스러웠 다. 왠지 우리 동기들에게도 좋은 기운을 가져다 줄 것 같았다. 그 리고 나에게도 자연스럽게 동기부여가 되었다.

그의 부모님과 가까운 가족들도 그 자리에 참석했다. 미혼인 그 를 부모님은 자랑스럽게 지켜보고 계셨다. 사춘기의 경제적인 상황 때문에 인문계에서 학비를 지원받는 곳으로 학교를 바꾼 현명한 그의 판단에 감동을 하기도 했다. 부모님의 처지를 생각해주는 기 특한 모습이 내 아이들의 상황과 대비가 되면서 남다르다는 생각이 들었다. 출신지가 나와 같고 부모님이 사는 지역도 과거에 내가 살던 인근 지역이라 더 마음이 갔다.

처음 경험하는 일에는 누구나 생생한 느낌을 가지게 된다. 처음 간 저자강연회는 젊은 사람들의 시끌벅적한 분위기가 활기차 보였다. 책방을 좋아하는 것도 있지만 서울의 교보문고라는 자체가 지방에서 온 나에게는 묘한 흥분감을 주었다. 열심히 책 쓰기 7주 과정을 들으며 작가가 될 수 있을지 없을지도 모르는 상태에서 초고 완성을 목표로 나름대로 고뇌하던 시기였다.

그러나 그 과정 중에 실제 작가의 탄생을 본 것이다. 그는 자신이 계약한 출판사는 나름의 준비성으로 자신을 잘 표현해 줄 출판사라고 했다. 그 후로 만난 적은 없지만 그도 근무하며 여러 모임들을 꾸려가고 있을 것이다. 나는 컴퓨터를 잘 다루지 못하기 때문에 메일을 보내기는 어렵지만, 휴대전화 문자 메시지로 안부 정도는 물어볼 수 있다. 그의 활발한 행보를 지켜보며 막연하지만 나도 그럴 기회가 오지 않을까 생각해 본다.

책이 나오고 지인들에게 선물을 하거나 책을 소지한 이들에게 사인을 해 주면서 느낀 점은 나를 신기해하고 대단해한다는 점이다. 내가 저자강연회 때 느낀 점을 그들도 똑같이 느끼는 것 같았다. 교수로 재직 중인 대학 동기도 나를 신기해했다. 나는 오히려 오랫동안 힘든 공부를 한 그녀가 더 대단해 보인다. 자신은 직업이고 나는 근무 중에 한 자기계발이니 다르지 않느냐며 격려해 준다.

아이들을 키우는 입장에는 부모의 직업은 별 차이가 없는 것 같다. 친구 한 명은 자녀문제로 고민이라며 내 책의 한 부분을 알려 주면서 도움을 받기를 원했다. 친구는 자연스런 수다로 자식을 먼저 키운 나의 경험이 도움이 되었다고 한다. 잘하는 아이들일수록 부모의 기대치는 높아만 간다. 부모들은 결과만 보기에 따라오는 아이들이 얼마나 힘든지는 중요하게 생각하지 않을 수도 있다. 나의 비운 마음이 아이들의 선택권을 존중해 주며 나의 안정을 찾는 계기가 되었다는 것을 알려줬다.

나의 책이 한 사람의 공감을 얻었다면 다른 이들의 공감도 얻을 수도 있겠다는 희망을 발견했다. 좋아하는 서점에서 사인회를 한다면 내가 진정으로 바라는 가치 있는 삶을 살고 있다는 증거가 될 것이기에 가슴이 미리 뛰기도 한다. 저자의 생생한 경험이 독자에게 선한 영향을 미칠 수도 있기 때문이다. 나를 보고 기뻐해 주는 독자들을 상상하며 대형 서점에서 사인회를 할 그 날을 기대해 본다.

PART 6

경험을 나누고
함께 성장하는
하브루타 멘토 되기

김 혜 경

김혜경

'질문배움연구소' 대표, 하브루타 독서토론 멘토, 강연가, 자기계발 작가

아이들에게 좋은 롤모델, 멘토가 되고 싶은 엄마이자 강연가다. 유대인의 교육법이자 질문하고 토론하는 하브루타를 가정과 초·중·고·대학교 현장에서 실천하고 있다. 대한민국 가정과 교육에 질문과 대화의 꽃이 활짝 피기를 희망하며, 하브루타 경험을 나누고 소통하는 하브루타 강연가, 하브루타 독서토론 멘토 역할을 하고 있다. 저서로는《하브루타 부모수업》이 있다.

E-mail now_dream@naver.com
Blog blog.naver.com/now_dream

01

선한 영향력을 미치는
작가, 강연가로 살기

"선생님을 만나서 제 삶이 더 풍성해졌어요."

"선생님이 변화시킨 엄마 한 명은 한 명이 아니에요. 엄마가 바뀌면 가정이 바뀌잖아요. 선생님이 바꾼 한 명의 엄마로 인해 3명, 4명의 가족들까지 바뀌고 행복해져요. 선생님이 한 가정을 살리신 거예요."

내가 한 작은 일은 엄청난 영향력을 가진다. 나는 내가 아는 것을 좀 더 쉬운 언어로 전하고 나의 노하우를 나누면서 좀 더 쉽게 실천할 수 있도록 돕고 싶다. 그저 '함께 실천하자'고 손을 내밀었을 뿐인데 그들이 스스로 변했다. 그리고 나에게 감사하다고 벽

찬 인사를 돌려준다. 이럴 때 가슴이 미치도록 뛴다. 오히려 내가 더 고마워서 가슴이 찌릿찌릿하기까지 한다. 더불어 스스로에게 다시 질문한다.

"나는 지금 제대로 하고 있는 걸까?"

"나는 어떤 강연가인가?"

"나는 어떤 작가인가?"

이런 질문을 반복하며 내가 하고 있는 일, 나의 삶을 재정비하며 방향성을 잃지 않고자 애쓴다.

나는 선한 영향력을 미치는 작가, 강연가로 살고 싶다. 내가 작가이자 강연가의 꿈을 가지기 전부터 내 가슴에 품고 있는 롤모델은 제인 구달이다. 제인 구달은 침팬지 행동연구학자로 시작해 동물보호운동을 하고 있다. 지구를 살리기 위한 환경운동가 등으로 끊임없이 성장하며 많은 사람들에게 선한 영향력을 미치고 있는 인물이다. 그녀는 강연과 캠페인뿐만 아니라 야생동물 연구, 교육, 보호를 위한 '제인 구달 연구소', 국제청소년환경단체 '뿌리와 새싹'을 통해서도 세상을 바꾸는 선한 영향력을 이어가고 있다.

그녀를 롤모델이자 멘토로 삼고 있는 이들 중에는 안젤리나 졸리, 나탈리 포트만, 이효리 등 평소 동물과 환경에 관심이 많아 에코 라이프를 실천하고 있는 스타들도 많다. 덕분에 제인 구달의 선한 영향력은 그들로부터 영향받는 이들까지 간접 영향을 미친다. 이 얼마나 놀라운 영향력인가?

제인 구달이 세상을 그리고 세상 사람들을 변화시키기 위한 한 걸음 한 걸음에는 어떤 마음과 의지가 있을까?《희망의 이유》에는 사람의 태도가 짧은 대화나 책 한 구절로도 변할 수 있다고 믿는 그녀의 '변화'에 대한 생각이 담겨 있다.

　　"비록 역사책 속에는 그 일부만이 들어 있지만 모든 인간들, 모든 독특한 존재들은 진보를 이루어 나가는 데 어떤 역할을 하고 있는 것이 분명하다. 매일 매초마다 이 지구상에는 마음과 마음-선생님과 학생, 부모와 자식, 지도자와 시민, 작가 또는 배우와 일반 대중들-이 만나서 변화를 이루어내고 있다. 그렇다. 우리 모두는 변화의 씨앗을 가지고 있는 것이다."

　　나의 하브루타 강의를 듣고자 하는 이들, 나의 책을 읽는 사람들 모두 변화의 씨앗을 품고 있다. 그들의 마음과 나의 마음이 만나 변화를 이루어내고 있는 것이다. 하브루타는 유대인의 교육방법 중 하나로 '짝을 지어 질문하고, 대화하고, 토론하고, 논쟁하는 것'이다. 나는 토론이 거의 없는 한국의 교육현장과 가정에 하브루타를 전해주는 메신저로서 하브루타를 전해 주며 좋은 롤모델, 멘토가 되고 싶은 바람까지도 함께 품고 있다.

　　하지만 나의 하브루타 강의에 있어서 그 어떤 것보다 필요한 것은 실천을 전제로 한 진정성이라고 생각한다. 공허한 메시지가 되지 않고 듣는 이들의 가슴에 살포시 자리 잡고 '움직임'의 변화까지 시작하게 하려면 말이다. 제인 구달이 평생 스스로의 삶으로써 증명해낸 진정성처럼 말이다. 그녀는 그녀 삶 자체가 증거다. 그래서 제인 구달이 전하는 메시지의 힘이 큰 것이다.

그래서 나도 제인 구달처럼 매순간 삶 자체를 증거로 갖는, 진정성 있는 작가이자 강연가가 되고 싶다. 그러기 위해서 나는 가족 하브루타와 하브루타 독서토론을 꾸준히 실천한다. 하브루타는 더욱이 이론이 아니기에 꾸준히 성실하게 실천하면서 그 실천을 강의로 전해야 진정성과 만족도가 높아지기 때문이다. 그렇게 진정성 있는 강의를 하고 싶어 열심히 실천한 것이 결국《하브루타 부모수업》이라는 이름의 부모들을 위한 하브루타 실천서를 만들어냈다. 내가 책을 쓰고자 용기를 내게 된 이유는 강의 현장에서 만나는 엄마들의 하브루타 실패담과 고민을 들으면서 보다 많은 부모들에게 하브루타를 전하는 시간적, 공간적 한계를 뛰어넘고 싶어서였다.

첫 번째 책,《하브루타 부모수업》을 펴낸 후 문득 돌아보니 내가 닮고 싶은 제인 구달의 발자취를 조금씩 닮아가고 있음을 확인할 수 있었다. 변화의 열망을 가진 사람들의 마음에 '하브루타'를 전하는 메신저이자 강연가로 활동하다가 용기를 내어 펴낸 책은 '작가의 꿈'에 이르게 해주었다. 문학소녀에서 국어국문학과를 다니며 한때는 소설가 등단, 시인 등단을 꿈꾸었던 때도 있었다. 하지만 작가의 길은 내가 타고난 재주가 없는 것 같아 너무 멀어 보였다. 대신 선택한 것이 취재기자였다. 기사를 쓰고 다듬으며 내가 글재주가 없지는 않다는 것을 깨달았지만 '작가'의 장벽은 높게만 느껴졌다. 하지만 그 꿈은 결코 버릴 수 없는 꿈이었다.

"언젠가는 소설가로 늦깎이 등단을 할 거야!"라고 입버릇처럼 말해오던 나는《하브루타 부모수업》으로 소설가가 아닌 작가가 되었다. 내가 부모들을 위한 책을 쓰리라고는 상상도 하지 못했다. 그런데 제인 구달이 해왔던 것처럼 나 역시 취재기자, 홍보전문가, 말하는 수학공부, 하브루타 실천가이자 강연가를 거쳐 내가 하고 싶은 일을 향해 뚜벅뚜벅 충실하게 발걸음을 내딛다 보니 점점 더 영역이 넓어졌다. "오랫동안 꿈을 그리는 사람은 마침내 그 꿈을 닮아간다."는 앙드레 말로의 말처럼 나는 점점 더 꿈을 닮아가고 있다.

첫 번째 책을 손에 들었을 때는 사실 기쁨보다는 두려움이 더 크게 밀려왔다. 이 책이 과연 얼마나 많은 사람들에게 유익한 책이 될 것인가? 과연 내 생각에 동의하는 사람들이 얼마나 될까? 쓸 때는 누구에게라도 도움이 되었으면 좋겠다는 간절함으로 나의 경험과 생각을 풀어냈는데 막상 책이 출간되니 다가오는 두려움이 있었다. 내가 의미 없이 수많은 나무를 죽음에 이르게 하지 않았기를 간절히 바랐다.

다행히 많은 독자들이 내 책에서 하브루타 실천 희망을 찾고 학부모로서 같은 고민을 했는데 좋은 해법과 희망을 찾았다고 말해 주어서 너무 힘이 나고 보람되었다. 그래서 나는 또 나아간다. 열심히 실천하고 강의하며 그 경험을 담아서 책을 쓰는 작가이자 강연가의 길을 넓혀간다.

이 길은 나의 진정성이 변화를 열망하는 이들의 마음에 닿아 함께 변화하는 선한 영향력을 미치는 작가이자 강연가의 삶이다. 내가 가진 것들, 내가 경험한 것들을 많은 사람들과 기쁘게 나누고 함께 성장할 수 있는 행복한 작가, 강연가로 살고 싶다. 나의 영향력이 더욱 선하고 기쁠 수 있도록 나는 오늘도 지금 내 자리에서 최선을 다해 실천하고 공부하며 나누고 있다. 나는 선한 영향력을 미치는 작가이자 강연가로 살아갈 것이다.

02

전 세계 10개국 이상
장기여행하기

나는 지금 손가락이 바쁘고 눈이 피로하지만 마음만은 행복하다. 기분도 참 좋다. '호주 한 달 살이'를 위해 준비 중이기 때문이다. 열심히 인터넷 세상을 클릭하고 살펴보고 메모한다. 미리 손품을 팔고 정보를 검색하면 비행기 티켓을 좀 더 싸게 구입할 수 있고 오래 머무를 숙소도 합리적인 가격으로 마련할 수 있다.

그리고 호주에서 꼭 가 보고 싶거나 해 보고 싶은 것만 몇 가지 정리한다. 느긋하게 머무는 여행이 주된 목적이기에 세부적인 계획보다는 굵직한 계획만 세운다. 나머지는 현지에서 즉흥적이고 무계획으로 보내도 상관없다. 계획적인 것보다 무계획이 더 많기 때문에 숙소를 잡을 때만 세밀하게 신경을 쓴다. 아이들과 걸어서

도서관에 갈 수 있는지 혹은 걸어서 해변에 갈 수 있는지도 살펴본다. 집에서 뒹굴어도 휴식이 되고 충전이 될 만큼 마당이 있거나 자연친화적인 숙소인지 등 숙소만큼은 까다롭게 고른다. 내가 지향하는 '머무르는 여행'은 내 집처럼 머물 숙소가 그만큼 중요하기 때문이다.

나는 '머무르는 여행'이 좋다. 어떤 아름다운 풍경의 아침 모습과 저녁 모습을 보고 싶다. 그리고 그곳의 일상의 모습을 보며 함께해 보고 싶다. 평소에도 휘리릭 많이 보고 지나가는 여행을 즐기지는 않았지만 머물며 하는 여행에 대한 강렬한 욕구가 결심으로까지 연결된 것은 이탈리아에 갔을 때였다. 마침 그때 비가 많이 와서 나는 아주 긴 장화를 신고 비에 살짝 잠긴 베네치아를 돌아보았다. 가이드는 제대로 된 베네치아를 경험하고 간다며 이야기했었다. 그 이야기를 들으며 베네치아의 또 다른 모습을 보고 싶었다. 뿐만 아니라 로마에서도 며칠 머무르고 싶다는 생각이 들었다. 오래된 작은 도시 아시시에서도 한동안 머물며 그곳의 오래된 골목을 아침, 저녁으로 산책하고 싶은 강한 유혹을 느꼈다.

머무는 여행을 꿈꾸다가 첫 번째 실천한 것은 지난 2014년 아이들과 함께했던 제주도 한 달 살기였다. 계획은 몇 년 전부터였지만 돈을 덜 모아서, 조금 늦게 준비한 관계로, 또는 마음에 드는 숙소를 찾지 못해서 2년 정도 벼르다가 실천에 옮겼다. 아이들이 열두 살, 일곱 살이 되던 해의 여름방학이었다. 지금 다시 그 시간들을 떠올려도 저절로 미소가 지어진다.

제주도의 첫 번째 숙소는 협재해변 옆 단독펜션이었다. 펜션이라기보다는 단독주택의 느낌이었다. 아이들이 걸어갈 수 있는 거리에 해변이 있었다. 잔디마당 한쪽에는 모래놀이터도 있고 마을 산책길도 한적하고 조용한 곳이었다. 협재해변은 아침, 낮, 저녁 그리고 밤에도 우리의 주된 놀이터였다. 집에서 조금 먼 곳으로 외출했다가 돌아오거나 도서관에 가서 책을 읽고 돌아온 후에도 아이들은 집에 오자마자 해변으로 나갔다. 어떤 시간에는 물이 저만치 비양도 코앞까지 빠진 듯이 멀리 나가 있어 한참을 걸어야 하기도 했다. 그리고 조금씩 물이 들어오면 우리도 물과 함께 육지로 들어오기도 했다.

제주에서의 한 달 동안 우리의 스케줄은 몇 개 없었다. 최남단 마라도에 다녀오는 것과 제주도의 도서관에 자주 가는 것 외에 아무 것도 없었다. 그날 혹은 전날 생각나는 곳으로 무작정 다녀오거나 아니면 집 앞 해변에서 놀거나 도서관에서 책을 읽는 것이 거의 전부였다. 제주도 한 달 살이의 후반부는 방학을 육지에서 보내는 선생님의 빌라를 착한 가격에 렌트해서 지냈다. 그때는 거의 매일 아침을 챙겨 먹고 어딘가로 나갔다. 도서관, 산방산, 곶자왈, 절물자연휴양림 등 자연과 가까운 곳에서 하루를 쉬엄쉬엄 보냈다. 또 산책하고 물놀이하고 집에 돌아오면 책을 읽고 쉬곤

했다.

돌아보면 제주도 한 달 살이를 준비했던 시간과 제주도에서 보낸 시간, 돌아와서 한참 동안 그때를 곱씹으며 우리는 참 행복했다. 어떤 이는 지금 내가 살고 있는 곳에서 '한 달 살이'처럼 느긋하게 여유 있게 살아보는 것도 의미 있다고 한다. 당연하다. 내가 지금 발 디디고 있는 현실에서 즐기며 사는 것이 최우선이다. 하지만 내가 늘 있는 곳이 아닌 낯선 여행지에서 한 달쯤 살아보는 여행도 또 다른 즐거움이다.

제주도에 이어 두 번째 한 달 살이는 호주의 브리즈번과 시드니로 결정했다. 호주를 시작으로 스웨덴, 캐나다, 스위스, 남아프리카공화국, 뉴질랜드, 영국, 프랑스, 스페인, 네덜란드, 체코, 이탈리아, 미국, 말레이시아, 터키 등 차근차근 한 나라, 한 도시씩 한 달 살이를 진행해 나갈 것이다. 그리고 그 과정은 또 글로 정리되어 남을 것이다. 우리 아이들에게는 인생을 스스로 살아가고 고민하는 프레임을 유연하게 하는 데 도움이 될 것이다. 무엇보다 우리에게 행복한 추억이 될 것이다.

사실 우리는 모두 지구별에 온 여행자다. 어느 도시를 한 달 살기 위해 떠날 때의 짐과 마음으로 현실을 산다면 우리에게는 다른 삶이 열릴 것이다. 한 달 머무르는 여행을 위해서는 엄청난 짐을 싸지 않고 여행지에서도 마구 무엇을 사들이지도 않는다. 지금 내가 여행 중이라고 생각하면 우리 인생에 따라오는 짐은 그만큼 가벼워진다. 한 달 살이 여행을 통해 내가 마주하고 싶고 꾸준히 깨우치고 싶은 것 중 하나가 바로 이것이다. 늘 내가 살고 있는 지금 이 순간이 여행자의 삶이라는 것을 잊지 않고자 함이다. 또한 후회 없는 삶을 살고 싶기 때문이다.

요즘 욜로(YOLO)족이 대두되고 있다. 욜로는 '인생은 한 번뿐'이라는 뜻의 'You Only Live Once'의 앞 글자를 딴 용어다. 미래를 위해 희생하지 않고 현재의 행복에 충실한다는 의미도 담고 있다. 우리 부부는 결혼 전부터 욜로족이었다. 주변 사람들이 모두 바꾸라고 하는 오래된 엑센트를 고집했던 것도, 양가 어른들이 집을 사라고 해도 안 사는 이유도 그걸 대신해서 '지금, 우리가 하고 싶은 일'을 즐기기 위해서였다. 나는 미래를 위해 무조건적으로 현재를 양보하는 것을 가장 경계한다. 행복은 절대 뒤로 미룰 수 있는 것이 아니기 때문이다. 매 순간 하고 싶은 일, 즐거운 일, 행복한 일을 한다면 지금도, 미래도 행복할 수 있다.

《숨결이 바람 될 때》의 저자, 서른여섯 살의 폴 칼라니티는 죽음을 눈앞에 두고도 자신이 줄곧 해왔던 일을 선택하고 끝까지 최선을 다한다. 반면 우리는 암과 같은 큰 병에 걸리면 하던 일을 그만두고 새로운 인생을 선택하는 경우가 많다. 그 이유가 뭘까? 내가 하고 있는 일이 가장 하고 싶은 일이 아니기 때문이다. 만약 내가 살 날이 얼마 남지 않았다고 해도 지금 하는 일을 계속 할 수 있을 것인지, 내가 하고 있는 일이 얼마나 가슴 뛰는 일인지, 얼마나 하고 싶은 일인지에 따라 달라질 것이다.

우리는 언제 지구별 여행이 불시에 끝날지 모르는 유한한 인생을 산다. 그래서 지금 내가 하고 싶은 것, 볼 수 있는 것, 느낄 수 있는 것을 오롯이 즐기고 경험하는 것이 최고의 선택이다. 나의 머무르는 여행은 유한한 나의 삶에 다양한 색깔을 입히고 여행자로서의 내 삶을 점검하고 내가 가장 사랑하고 행복한 순간을 더 길게 이어가는 또 다른 방법이다. 나는 어떤 상황에서도 지금 내가 하고 있는 일을 선택할 수 있다. 그리고 지금은 대한민국에서 머무르는 여행 중이다.

웨인 다이어가 했던 말을 떠올리며 '머무르는 여행으로 전 세계 10개국 이상 다녀오기'라는 나의 꿈이 반드시 이루어짐을 믿는다.

"마음의 눈을 뜨고 길에서 만나는 모든 것들을 맛보세요. 당신의 행복을 성공으로 평가하지 말고 인생이라는 여행 전반을 즐기세요. 행복 그 자체가 길입니다."

03

청소년과 부모들의
독서 멘토 되기

빌 게이츠는 "오늘의 나를 있게 한 것은 우리 마을 도서관이었다."라며 도서관이 자신을 만들었다고 했는데, 나는 도서관에 한이 많다. 더 정확하게 말하면 책에 한이 많다.

어린 시절 나는 그저 책과 이야기 그리고 글쓰기가 좋았던 말괄량이 소녀였다. 그런데 우리 집은 책이 없었다. 강원도 산골 우리 동네에는 서점도 도서관도 없었다. 내 기억으로는 시골 작은 학교에도 도서관이 없었던 것 같다. 덕분에 나는 학교에 입학하기 전부터 오빠들의 교과서를 책 대신 읽었다. 초등학생일 때 김유정의 《동백꽃》, 《봄봄》, 현진건의 《빈처》 등을 읽었다. 중·고등학생인 오빠들을 위한 한국단편소설모음집에 수록되어 있었다. 그것을 얼마나 이해하고 있었는지 모르겠지만 그때는 즐겁게 읽었다. 읽을 수 있는 것은 무엇이든지 읽었다는 말이 더 적합한 표현일 것이다.

그 시절 나에게는 결핍이 참 많았다. 학교 앞에 딱 하나 있는 피아노학원에서 울려 퍼지는 피아노 소리도 제법 매력적이었다. 학원에 보내줄 형편이 전혀 안 되는 우리 집에서는 그저 동경의 대상일 뿐이었다. 키가 컸던 나였지만 눈높이를 가리는 피아노 학원의 불투명한 선팅 너머로 학원 안을 들여다보고 싶어서 유리에 붙어 까치발을 들곤 했었다. 사진 한 장 남아있지 않은 기억인데도 내게는 마치 엊그제 일인 것처럼 선명하다.

그것만큼 선명한 기억이 또 하나 있다. 내 친구는 학교 앞에 사는 우체국장집 딸이었다. 친구의 집 거실 책상에 즐비해 있었던 아동문학전집이 생각난다. 하드커버로 묵직하게 싸여있던 그 책들은 정말이지 그저 바라만 봐도 배가 부른 것 같았다. 그 책들도 선팅으로 가려진 피아노 학원만큼이나 장벽이 높았다. 아동문학전집을 읽고 싶어서, 책이 좋아서 친구네 집에 놀러갔다. 하지만 책장 앞에 앉아 책을 좀 읽을라치면 친구는 삐치곤 했다. "넌 우리 집에 나랑 놀려고 오니? 아니면 책을 읽으려고 오니?"라면서 눈을 흘겼다. 그런 게 바로 책 있다고 부리는 유세였다. 결국 나는 그 전집을 다 읽을 수 없었다. 바라만 보았던 그 유명한 책의 제목들이 생각난다.

성인이 되어서 여러 번 생각해 봤다. 만약 어린 시절에 도서관이 있었다면 나는 어떻게 되었을까? 문학소녀였던 내가 정말 소설가로 등단을 할 수 있었을까? 혹은 책에서 찾은 새로운 길로 지금과는 완전 다른 인생을 살고 있지는 않을까 하는 가정도 해보았다. 이렇게 어린 시절 내 기억 속의 책은 아픔투성이다.

그래서 작은 도시로 이사한 중학교 시절부터 용돈을 모아 책을 한두 권씩 사 모으기 시작했다. 대학생 때도 용돈에서 많은 비중을 차지하는 것이 책값이었다. 엄마한테 욕 먹어가면서 산 책들은 지금도 우리 집 거실 한쪽에 많은 부분 남아 있다. 자취방을 옮겨 다니면서 많이 사라지기도 했지만 말이다.

책을 구입하는 것에서 결정적으로 자유로워진 것은 결혼 후다. 태교를 시작으로 아이들 책을 열심히 사서 읽었고 아이들이 자라서 혼자 책을 읽기 시작하면서부터는 집안 곳곳에 책이 넘쳐났다. 이상하게도 나는 도서관에서 빌리는 책보다 사서 읽는 책이 더 좋다. 그래서 거실을 서재로 바꾸고 매달 책값에 가장 많은 소비를 하고 있다.

책이 좋아서 젊은 시절 한때는 사서로 직업 변경을 해 볼까 하는 고민도 했었다. 하지만 현실적으로 가장 쉬운 것은 큰아이를 임신했을 때부터 아이들 책을 열심히 읽고 공부하는 것이었다. 시작은 태교였고 아이를 낳고 나서는 아이를 위해서였지만 아이에게 책을 읽어주는 시간은 나에게 더 행복한 시간이었다. 퇴근

후 10권, 20권이 넘는 그림책을 큰아이에게 읽어주던 시간은 나에게 힐링이 되는 시간이었다. 아이들이 자라면서 함께 도서관에 가서 책을 읽어주고 수십 권씩 책을 빌려왔다. 온라인 서점에서 책을 틈틈이 주문하고 읽을 때마다 절로 행복해졌다. 이제는 아이들에게 책을 읽어주는 것만이 아니라 함께 읽고 질문하고 토론하는 하브루타 독서를 진행하면서 그 시간이 더욱 행복하다. 어린 시절 누리지 못했던 것을 지금에라도 흠뻑 누리고 있는 것이다.

그런데 내게는 이렇게 즐겁고 애틋하며 행복한 독서인데 대한민국 독서율은 왜 저조한 걸까? 낮은 독서율만이 문제가 아니다. 초등학생, 중학생들의 독서방법에는 아쉬움이 많다. 그저 활자 읽기에 그치는 독서 방법도 아쉽다. 지역사회에서 질문하고 이야기하는 하브루타 독서를 실천하면서 내가 찾은 이유 중의 하나는 독서토론의 부재다. 어릴 때는 학교에서 의무적으로 읽고 청소년기에는 거의 책과 멀어지다가 성인이 되어서 끊어진 독서끈이 다시 이어지기가 힘들다는 점도 한몫한다. 하지만 이 못지않게 중요한 이유 중의 하나는 주로 혼자서 읽는 독서 습관 때문이다.

책은 혼자서 100권을 읽는 것보다 1권의 책을 100명이 읽고 토론하는 게 더 낫다. 질문하고 이야기하는 하브루타 독서토론으로 책을 읽으면 책 읽는 효과만 커지는 것이 아니라 책을 읽는 과정 자체가 재밌어진다. 아무리 좋은 것이라도 재미가 없으면 오래 지속하기 어렵다. 하브루타 독서토론은 독후활동이 아니라 독서활동 중 하나다. 많은 사람들이 독서토론을 독후활동으로 이해한다. 하지만 독서토론을 해 본 사람들은 독서토론이 독후활동이 아니라 또 다른 독서활동임을 안다.

나의 보물지도에는 우리의 독서문화를 바꾸기 위한 '하브루타 독서법'에 대한 책 발간이 담겨 있다. 많은 사람들이 보다 쉽고 재미있게, 흥미롭게 함께 독서를 하도록 돕는 책이다. 이 책을 통해 나는 하브루타 메신저에서 한발 더 나아가 청소년과 부모들의 독서 멘토가 되고 싶다. 이미 이 보물지도의 절반은 완성되어 있다. 내가 지금 하고 있는 하브루타 독서토론이 그 증거다. 초등, 중등, 고등학생들과의 하브루타 독서토론, 성인들과의 하브루타 독서토론을 글로 정리하는 것이 보물지도의 완성이다.

생각해 보라. 가족들이 모여 앉아 텔레비전만 보는 것이 아니라 함께 읽은 책에 대해 질문하고 그 질문의 다양하고 더 좋은 해답을 찾으며 서로를 이해하고 공감하는 하브루타 독서토론을 하는 모습을 말이다. 하브루타 독서토론은 생각의 근육을 키우고 말문을 열고 독서하는 맛을 제대로 느끼게 함은 물론 가족 간의 유대감까지 강화되는 일석다조의 힘을 가진다. 자식에게 물려주면 가장 좋은 독서토론 가족문화이기도 하다. 그 어떤 사교육보다도 강력한 교육적 효과가 있음은 물론이다.

함께 읽는 독서의 힘은 강하다. 질문하며 함께 읽는 하브루타 독서의 힘은 더 강하다. 그 어떤 사람의 질문도 내게 최고의 질문이 될 수 없다. 내가 나의 경험에 근거하고 나의 가치관과 관심도에 따라 나를 한껏 드러내고 내 생각을 담은 내 질문이 최고의 질문이다. 하브루타 독서토론은 바로 이러한 이유 때문에 그 어떤 독서토론보다 즐겁고 행복한 시간이 된다.

나는 이처럼 쉽고 재미있고 행복한 하브루타 독서토론을 전하는 청소년과 부모들의 독서 멘토가 될 것이다. 이제는 어린 시절의 책과 도서관에 대한 아쉬움으로 더 이상 뒤돌아보지 않는다. 지금 나는 질문하는 하브루타 독서를 행복하게 실천하는 행복한 과정에 있기 때문이다. 청소년과 부모들의 독서 멘토의 꿈을 이루어가는 중이다.

질문과 토론이 있는
하브루타 동네책방 운영하기

'물음표와 느낌표' 동네 책방에 4인 가족, 3인 가족, 5인 가족 등 다양한 가족들이 모여 앉아서 모두 할머니를 바라보고 있다. 가족들이 들을 준비를 마치자 할머니는 이내 구수한 옛날이야기를 풀어 놓았다.

"옛날 한 가난뱅이와 부자가 담을 맞대고 살고 있었대. 부자는 자기한테 들어온 물건은 절대 돌려주지 않아서 부자가 되었다는구나. 남한테 빌린 물건도 무조건 자기 것으로 만들고 말았거든. 하지만 옆집 가난뱅이는 자기가 쓸 것까지 모두 남들에게 줘버리고 어려운 이웃을 그냥 지나치는 법이 없었대.

PART 6 경험을 나누고 함께 성장하는 하브루타 멘토 되기 김혜경 | **217**

그러던 어느 날 가난뱅이가 들일을 끝내고 집으로 돌아가는데 부잣집에서 생선 굽는 냄새가 났어. 그런데 그 냄새를 맡은 가난뱅이에게 부자가 이렇게 말하는 거야.

'우리 집에서 나는 냄새를 맡았으니 냄새 맡은 값을 내놓거라.'

'냄새 값이라고요? 그런 값도 있나요?'

가난뱅이는 기가 막혔지만 부자가 하도 억지를 부리니 그러겠다고 약속하고 집에 돌아왔어. 하지만 돈이라고는 조상님 제사 지낼 돈이 전부여서 고민을 하고 있었지. 그러자 가난뱅이 아들이 꾀를 냈어. 날이 밝자 가난뱅이 아들은 부잣집으로 돈을 들고 찾아갔어.

'냄새 값을 받고 싶으면 나오시지요.'

그러고는 부자가 대문을 열고 내다보자 돈은 주지 않고 주머니만 짤랑짤랑 흔드는 거야. 가난뱅이 아들이 돈은 안 주고 주머니만 흔드니 부자는 화가 나서 대문을 박차고 나왔어.

'왜 냄새 값은 안 내고 동전만 흔드느냐?'

그러자 가난뱅이 아들이 대답했어.

'동전 소리를 들었으니 동전 소리 값을 먼저 내면 돈을 드리지요.'

부자는 입맛만 쩍쩍 다시다가 슬그머니 집으로 들어가 버렸대. 그래서 가난뱅이는 조상님 제사를 잘 지내고 잘 살았대."

이야기를 듣는 부모들은 부모들대로 어린 시절 추억이 생각나

고 아이들은 엄마 아빠와 함께 옛날이야기를 들으니 더 즐거운 시간이다. 이야기를 들려준 할머니는 책방이 있는 지역사회에 산다. 재능기부로 한 달에 한 번 책방에 와서 옛날이야기를 들려주거나 그림책을 읽어 준다. 덕분에 할머니는 외롭지 않고 아이들은 할머니의 따스한 정을 느낀다. 즐거움과 따스함이 넘치는 이야기를 끝낸 할머니는 익숙하게 가족들을 향해 주문을 건다.

"자, 그럼 이 재미있는 옛날이야기 속에서 '질문' 보석 찾기를 해 볼까요? 가족마다 질문을 만들어서 이야기를 나눠 주세요."

할머니의 주문이 떨어지자마자 가족들끼리 '질문노트'에 질문을 만들고 이야기꽃을 피우기 시작한다. 여기저기 가족들이 앉아서 질문하고 이야기하며 서로의 생각을 도란도란 나누는 모습은 언제 봐도 기분 좋고 행복한 모습이다. 가족들의 이야기꽃이 웃음꽃과 함께 활짝 피는 이곳은 '물음표와 느낌표' 하브루타 동네책방이다.

아! 상상만 해도 너무 행복하다. 나의 보물지도 속 질문과 토론이 있는 하브루타 동네 책방의 한 장면을 상상해 봤다. 이 상상은 '짝을 지어 질문하고, 대화하고, 토론하고, 논쟁하는' 유대인의 교육법인 하브루타를 가족 안에서 실천하고 강연가로 활동하면서 시작되었다. 나는 하브루타 메신저로, 전국의 평범한 부모들에게 자녀와 질문하고 이야기하는 하브루타의 힘을 전하기 위해《하브루타 부모수업》을 펴냈다. 많은 부모들의 하브루타 실천 멘토로 활동하면서 점점 꿈이 커지고 있다.

아이를 키우려면 마을이 필요하다고 했다. 그런데 우리는 그 마을이 사라진 지 오래다. 나는 내 아이만 잘 키우고 싶지 않다. 이웃의 아이도 잘 키우고 싶다. 이웃의 아이가 잘 커야 내 아이도 잘 살 수 있다고 믿는다. 더불어 내 아이를 잘 키우고 이웃의 아이를 잘 키우기 위한 마을을 되살리고 싶다.

'물음표와 느낌표' 하브루타 동네책방이 아이들을 질문과 토론으로 키우는 마을의 구심점이 되기를 바란다. 한 가정, 한 마을이 바뀌고 여러 마을이 바뀌면 이 사회가 변화하는 데 도움이 되리라 믿는다. 변화는 그렇게 서서히 오다가 어느 순간 들불처럼 번질 것이라고 믿는다. 아마도 이 보물지도가 완성되면 나의 상상보다 더 큰 희망과 역사가 이루어질 것임을 나는 잘 안다. '물음표와 느낌표' 책방에는 나만이 아니라 나와 함께 하브루타를 실천하는 수많은 엄마들이 살아있는 불씨로 활동할 것이기 때문이다.

사실 상상 속 전래동화는 오늘 둘째와 함께 읽은 전래동화였다. 둘째와 나는 이 전래동화를 읽고 다음과 같이 이야기를 나누었다.

"쭌이는 어떤 질문이 생각나니?"

"이 부자는 동전소리를 듣고 왜 화가 났을까? 그리고 이 부자는 자기도 냄새 값을 달라고 했으면서 상대방이 동전 소리 값을 요구할 거라는 생각을 왜 하지 못했을까?"

"하하. 쫀이 질문 속에 답이 있네. 엄마 질문은 이거야. 이 부자 같은 방법으로 부자가 되는 것이 옳은 방법일까?"

"아, 좋은 질문이네요. 나도 생각났어요. 가난뱅이는 남한테 나누어 주는 게 아깝지 않았을까?"

"아깝지 않았으니까 주었겠지. 엄마는 이런 질문도 생각났어. 가난뱅이 아들은 어떻게 저렇게 영리할까?"

"아, 나도 생각했었는데…."

"하하, 그랬구나. 내 생각엔 하브루타 한 거 아닐까?"

"우와! 그런가? 그럼 하브루타가 우리나라에서도 옛날부터 전통으로 내려오던 거였나?"

"우리도 예전엔 공부할 때 질문하고 토론하고 했거든."

"우와!"

"그럼 우리 더 얘기해 볼까? 우리가 돈을 주고받는 것은 어떨 때 하는 거지?"

"음, 무언가를 살 때요."

"그런 경우에 돈을 쓰지. 그러면 냄새 값을 내는 것은 합리적이거나 논리적인 이야기일까?"

"아닌 것 같아요. 그러면 냄새를 나에게 주면 나도 돈 냄새를 주는 건 어때요?"

"아, 돈 소리를 들려주는 게 아니라 돈 냄새를 맡게 한다고? 좋은 생각이네."

"엄마, 여기 책에 있는 질문 중에 마음에 드는 게 있어요. 부자는 어떤 사람이라고 생각하나?"

"이 질문이 마음에 드는구나. 너는 부자가 어떤 사람이라고 생각해?"

"부자는 많이 나눠 주고 베푸는 사람이 아닐까요? 지난번에 읽은 책 《저승에 있는 곳간》에 나온 사람처럼 가진 것이 없어도 많이 베푸는 사람이 부자인 것 같아요."

"아, 우리 쭌이는 돈이 많은 사람이 아니라 마음이 부자인 사람을 부자라고 생각하는구나."

"돈은 많으면서 10원도 안 나누는 사람은 가짜 부자예요."

"그래, 그건 엄마 생각이랑 똑같네."

"어, 이 질문도 좋다. 부자가 되고 싶다면 무엇을 해야 할까?"

"그 질문에 대해서는 어떻게 생각해?"

"방금 말한 것처럼 다른 사람에게 나눠 줘야 해요. 나는 사랑을 나눠 주는 부자예요."

"우와! 부자 맞네. 나도 부자가 되어야지. 여기 또 이런 질문이 있네. 가난뱅이처럼 내게 필요한 물건을 친구를 위해 준 적이 있는가?"

"있어요. 학교에서 돌멩이에 그림 그리는 날 있었잖아요. 그날 친구한테 돌멩이랑 물감이랑 다 빌려 주고 나눠 썼어요."

"역시 우리 쭌이는 마음이 부자구나."

그렇게 이야기를 나누다가 끝으로 전래동화 속 교훈도 생각해
보기로 했다.

"엄마, 제 생각에 이 동화는 부자라도 하나도 안 베푸는 사람
은 진짜로 부자가 될 수 없다는 얘기를 하고 싶은 것 같아요."

"아, 그것도 참 좋은 교훈 같아. 맞는 말이야. 엄마는 가난뱅이
아들에게서도 교훈을 찾을 수 있는 것 같아. 억울한 일을 겪을 때
나 누군가 억지를 부릴 때 더 이상 억지를 부릴 수 없도록 하는
지혜를 잘 키우자. 어때?"

이렇게 베갯머리 하브루타를 마무리했는데 둘째가 마지막에
한 말을 곰곰이 생각해 보게 된다. 열 살 어린아이도 알고 있는데
왜 세상에는 부자 아닌 부자가 많은 걸까? 스스로 질문하고 그
질문에 좋은 해답을 느낌표로 찾는 가족 하브루타를 실천하는
사람들이 많아지길 바란다. 동네 책방을 통해 하브루타를 꾸준히
이어가는 가족들, 지역사회 주민들이 많아지면 진짜 부자가 많아
지지 않을까?

'물음표와 느낌표' 동네 책방을 통해 함께 성장하는 행복한 하
브루타 마을을 꿈꿔본다. '물음표와 느낌표' 책방에는 하브루타
하기에 좋은 다양한 책을 판매할 것이다. 하브루타를 실천하는 데

도움이 되는 하브루타 부모수업과 다양한 가족 하브루타, 하브루타 독서토론, 세미나, 하브루타 캠프를 진행하고 싶다. 나는 늘 질문과 이야기꽃이 피는 책방을 곧 오픈할 것이다.

05

느림과 나눔이 있는
삶의 주인공 되기

케냐의 이동병원에 40대 중반의 케냐인 안과의사가 있다. 대통령도 그를 만나기 위해 며칠을 기다려야 하는 유명한 의사다. 그럼에도 강촌에서 풍토병 환자들을 아무렇지 않게 만지며 치료하는 이유가 궁금해서 한비야가 물었다.

"당신은 아주 유명한 의사이면서 왜 아무도 알아주지 않는 이런 험한 곳에서 일하고 있어요?"

그러자 안과의사는 어금니가 모두 보일 정도로 활짝 웃으며 이렇게 말했다.

"내가 가지고 있는 기술과 재능을 돈 버는 데만 쓰는 건 너무 아깝잖아요. 그러나 무엇보다도 이 일이 내 가슴을 몹시 뛰게 하기 때문이에요."

그리고 그는 한비야에게 "구호 일은 어떤 교육을 받고 어떤 기술을 습득하느냐보다 어떤 삶을 살기로 결정했느냐가 훨씬 중요하다."라는 말을 덧붙였다.

한비야의 《지도 밖으로 행군하라》에 나오는 이야기다. 나는 2005년, 처음 이 책을 읽었을 때 밑줄 쫙 그어서 포스트잇을 붙여 놓았다. 그 이후로도 가끔씩 생각이 날 때마다 꺼내 읽는 구절이다.

"내가 가지고 있는 기술과 재능을 돈 버는 데만 쓰는 건 너무 아깝잖아요."

나는 이 구절에 미치도록 가슴이 뛰었다. 그 책을 읽을 무렵의 내 생각이 그와 비슷했기 때문이다. 가슴이 뛰는 일을 하는 것이 가장 중요하다고 생각했던 지난날들과 오버랩이 되어서였다. 그러면서 나는 내가 가지고 있는 재능을 돈 버는 데만 쓰지 않겠노라고 굳게 결심했다.

그리고 시간이 흘러 2013년 6월 8일, 내가 있는 곳으로 한비야 씨가 강의를 왔다. 나는 《지도 밖으로 행군하라》를, 큰아들은

《어린이를 위한 지도 밖으로 행군하라》를 들고 함께 강의를 들으러 갔다. 그리고 책의 맨 앞장에 강의 메모를 했다. 그 메모에는 나의 결심을 더욱 구체화하는 데 도움이 되는 한비야 씨의 강의 내용이 기록되어 있다. 그녀는 말했다.

"머리에는 세계지도를 담아라. 우리가 필요한 나라, 우리를 필요로 하는 나라를 담아라. 지금은 지구촌이 아니라 지구집이다. 세계 시민, 세계의 아들과 딸로 우리의 범위를 넓혀라. 가슴이 따뜻한 사람이 되라. 100℃의 뜨거운 삶을 살아라. 손은 어떻게 쓸 것인가? 나는 정글의 법칙에 쓰고 싶지 않다. 한 손은 나를 위해, 나머지 한 손은 다른 사람을 위해 써라."

그녀는 이렇듯 선명한 자신의 비전을 지금까지 실천하고 있다. 그날 강연에서 이런 말도 했다.

"나는 하고 싶은 일을 하며 100% 몰두하다가 그 현장에서 죽고 싶다."

그 말을 들으며 소름이 돋았다. 도대체 자신이 하고 있는 일을 얼마나 사랑하면 그 일에 100% 몰두하다가 죽고 싶다고 하는 것일까? 한비야 씨는 그렇게 나의 롤모델이 되었다. 100℃의 가슴 뛰는 삶을 사는 롤모델이다. 자신의 재능을 돈 버는 데만 쓰기에는 아깝다고 생각하게 해 주는, 어떤 삶을 살지를 결정하게 하는 롤모델이다.

비록 그녀가 누비는 곳은 전 세계이고 긴급구호가 필요한 절박한 현장인 반면, 내가 누비는 곳은 대한민국이고 대화가 필요한 가정, 질문과 토론이 필요한 교육 현장이라는 것이 다르지만 한 가지 공통점이 있다.

내가 있는 곳도 긴급구호가 필요한 현장이라는 점이다. 대화와 소통의 부재로 인한 어려움을 겪는 가정이 많고 질문과 토론이 없어 일방적으로 주입하는 교육 현장이어서 이곳도 긴급구호가 필요한 것은 마찬가지다.

하브루타를 알게 되고 배우고 실천하면서 다른 이들에게 전해 주어야겠다는 결심을 하면서 나는 생각했다.

'내가 가진 재능이 뭘까?'

어릴 때부터 말로 하는 것으로는 둘째가라면 서러웠던 나였다. 서울시립 장애인종합복지관에서 근무할 때 연간 1,000~2,000명을 대상으로 복지관 및 장애인복지 견학 및 교육 프로그램을 진행하면서 확실하게 깨달았다. 하느님이 나에게 주신 재능은 언어 재능이라는 것을 말이다. 내가 아는 것을 좀 더 쉽게, 재미있게, 감칠맛 나게 전해 주는 언어 재능 말이다.

나는 강의를 하면서 그 순간이 가장 행복하고 보람되며 가슴 뛰는 순간이라는 것을 깨달았다. 그때부터 '강연가'로서의 삶을 어렴풋이 꿈꾸기 시작했다. 그리고 나의 재능을 활용해 하브루타를 전하는 일 자체가 나에게는 나눔을 실천하는 과정이 되리라고 직감했다.

하브루타 메신저, 강연가로서의 이 일은 나에게 가슴 뛰는 일이자 다른 사람을 돕는 일이다. 그래서 하브루타는 내게 나눔을 실천하는 일 중 하나다. 하브루타 강의를 듣고자 하는 엄마들이 부담 없이 들을 수 있도록 강의료를 책정한 것도 나눔의 연장선상이다.

매달 하브루타 수업 봉사를 하는 것, 내 강의를 들은 이들의 지속적인 실천을 돕기 위해 '만원의 행복' 세미나를 진행하는 것, 재능기부 강의를 하는 것, 학교의 하브루타 수업도 모두 그 연장선상에 있다. 또 나처럼 하브루타 재능기부 수업을 하고 나눔 수업을 하는 교사로서의 역량을 키우고자 하는 이들을 위한 멘토 역할 또한 나눔의 일환이다.

그리고 내가 도움을 준 선생님들이 다시 다른 분들에게 나와 같이 도움을 주며 함께 성장하는 네트워크를 만들어가고 있다. 서로의 성장을 위해 끌어 주고 밀어 주며 함께하는 아름다운 하브루타 성장 모임이다. 혹자는 그렇게 순수한 사람이 어디 있냐고

비아냥거리기도 한다. 그리고 내부적으로는 내가 선생님들의 수업을 연결해 주고 수수료를 받거나 수임료를 받을 거라고 짐작하면서 날카로운 말을 건네기도 한다.

하지만 나는 돈을 한 푼도 받지 않는다. 돈을 받지 않아도 같은 꿈을 꾸는 선생님들을 위해 무료로 수업을 연결하고 노하우를 공유하고 있다. 이렇게 애쓰는 나를 위해 나의 일을 덜어 주며 함께 봉사해 주는 선생님들이 점점 늘어나고 있다. 나는 그들에게 당당하게 부탁한다.

"선생님이 저에게 무언가 받은 것이 있다면 저에게 돌려주기보다는 하브루타를 시작하는 또 다른 사람에게 돌려주고 나눠 주세요."

실제로 지금 내 곁에 있는 하브루타 선생님들은 서로 도와주고 성장하면서 다른 이들과 나누고 있다.

내가 가진 재능을 돈 버는 데만 쓰고 있지 않다는 행복감, 내 재능이 아름답게 쓰이고 있다는 보람이 내 가슴을 뛰게 만든다. 그래서 나는 지금 너무 행복하다. 그리고 앞으로도 더 큰 나눔이 있는 삶을 살고 싶다. 내가 더 큰사람이 되면 더 큰 나눔을 실천할 수 있을 것이라고 믿는다. 그래서 더 큰사람이 되기 위해 노력한다.

내가 꿈꾸는 일을 함께하는 선한 영향력을 가진 사람이 많아진다. 나처럼 하브루타를 통해 대한민국 교육을 바꾸고 가정을 바꾸며 학업에 찌든 아이들이 질문과 토론으로 눈을 반짝이게 하는 일을 하는 이들이 많아진다. 덕분에 나는 '느림'의 삶을 회복한다. 미치도록 바쁘게 뛰어다니던 강의와 수업 현장의 완급을 조절해 강연가로서의 삶, 가족 구성원으로서 삶의 균형을 찾아 느리고 여유 있되 '나눔'으로 선한 영향력을 미치며 현재를 산다. 오늘 마당에 새롭게 핀 꽃망울을 알아차릴 만큼의 여유와 누군가의 가슴에 100℃ 불을 지피는 강의를 하는 열정과 내 재능을 나누는 따스함의 균형이 삶을 더 풍요롭게 한다. 이를 위해 오늘도 나의 열정을 가꾸며 보물지도를 품고 항해를 떠난다.

PART 7

대한민국
최고의 부모교육
명강사 되기

· 장 성 오 ·

장성오

유아교육 전문가, 유아인성 및 리더십교육 전문가, 유치원 운영, 동기부여가

현재 유치원을 운영하면서 전국을 무대로 부모교육 강연을 하고 있다. 영유아기 교육을 통해 많은 부모들이 아이를 잘 양육할 수 있도록 도울 뿐 아니라 맘 코칭, 꿈 코칭, 독서모임 등을 통해 부모들의 자기계발을 돕고 있다. 또한 교사들이 유아교육에 대한 철학과 비전을 가질 수 있도록 생생한 현장교육을 하고 있다. 저서로는《화내는 엄마 눈치 보는 아이》,《인생이 나에게 가르쳐 준 소중한 것들》,《질문하는 엄마 명령하는 엄마》,《버킷리스트4》,《또라이들의 전성시대》등이 있다.

E-mail jsopower@naver.com
Cafe cafe.naver.com/eriaworld1

01

그림책
만들기

요즘 내가 하는 일에서 제일 신나는 일 중 하나가 아이들에게 그림책을 읽어 주는 것이다. 틈나는 대로 교실에 들어가서 아이들에게 그림책을 읽어주면서 아이들과 유대감을 형성하는 특별한 시간을 가진다. 그래서 그런지 아이들이 나를 무척 좋아하고 안기는 등 관심을 표현하는데 그 정도가 인기 연예인 못지않다. 그림책을 읽어 주면 아이들에게 많은 좋은 점이 있지만 사실 읽어 주는 나 자신이 변화하게 되는 것을 실감한다. 그것이 바로 그림책이 가지는 마법 같은 힘이다. 이 글을 읽는 독자 가운데는 그림책은 어린아이들이나 보는 것 아니냐고 반문할 수 있다. 그러나 그렇지 않다고 자신 있게 말할 수 있다. 믿지 못하겠거든 용기 내어 읽어 보길 권한다. 왜냐하면 경험하지 않고서는 말을 할 수 없기 때문이다.

얼마 전 7세인 수형이가 유치원 끝날 시간이 되지 않았는데 가방을 들고 씩씩거리면서 집에 가겠다고 내려왔다. 다급히 담임선생님이 수형이 뒤를 따라서 내려왔다.

"선생님, 무슨 일 있어요?"

"글쎄, 수형이가 집에 가겠다고 막무가내로 내려 왔어요."

"수형아, 무슨 일 있었어?"

"……."

아무 말도 없이 수형이는 눈만 말똥말똥하면서 집에 간다고 신발을 꺼내면서 나와 눈이 마주쳤다.

"수형아, 유치원 옆 원장선생님 방이 하나 생겼는데 거기에는 그림책이 많은데 궁금하지 않니? 우리 한번 가서 무슨 그림책이 있나 볼까?"

수형이는 내 말에 관심을 보이면서 나를 따라 나섰다. 선생님은 얼른 교실에 들어가라고 하고서 수형이를 데리고 그림책 방에 들어갔다. "수형아, 여기 어때? 그림책 많지? 수형이가 보고 싶은 것 하나 가져와 보세요." 했더니 이와이 도시오의《100층짜리 집》이라는 그림책을 가져왔다. 나는 수형이를 옆에 앉히고 가져온 그림책을 읽어 주었다. 수형이의 표정을 보려고 힐끔 수형이를 쳐다

보았다. 역시 조금 전과는 다른 수형이의 눈빛을 읽을 수 있었다. 반짝반짝 빛나는 눈빛이 호기심으로 연결되는 순간을 놓칠세라 조금 전보다 더 정성스럽게 그림책을 읽어 주었다. 금세 한편의 그림책을 다 읽어 주고 책장을 덮었다.

"원장 선생님, 저 선택했어요."

"수형아, 무엇을 선택했는데?"

"교실에 들어가기로요."

그러면서 뒤도 돌아보지 않고 가벼운 발걸음으로 교실로 들어갔다. 이러한 모습을 지켜본 교무실 선생님들은 깜짝 놀랐다. "원장님, 그렇게 고집을 피우더니 어떻게 저럴 수 있는지 대단해요." 하는 것이다. 그때 나는 저절로 어깨가 으쓱 했다. 사실 그림책을 읽어 주지 않았다면 수형이에게 "너 왜 그런 거야?", "친구하고 싸웠어?" 등 많은 것들을 물어 보고 해결의 실마리를 찾으려고 노력했을 것이다. 그런데 이런 저런 이야기를 하지 않고 단지 그림책한 권을 읽어 준 것으로 아이가 스스로 깨닫고 변화되는 경험을한 것이다. 이것이 바로 선생님들을 깜짝 놀라게 한 그림책이 준선물이다.

이 외에도 그림책을 읽어 주고 난 다음 아이들과 부모들이 보내오는 에피소드는 수없이 많다. 어떤 엄마는 "우리 아이의 어휘가 달라졌어요."라면서 자랑을 하기도 하고 남편하게 읽어 주었더니 처음에는 쑥스러워 하더니 그림책 읽어 주어서 고맙다고 하면서 부부관계도 좋아졌다고 했다. 또 책 읽어 주는 동아리까지 형성되고 있으며 나 역시 중학생이 된 아이와 딸, 사위를 비롯한 남편에게까지 읽어 주고 있다. 유치원 학부모들에게는 부모교육 시간을 그림책 읽어 주는 시간으로 바꾸고 부모들이 모여 있기만 하면 그림책을 읽어 주고 있다. 그만큼 그림책이 아이와 엄마뿐 아니라 온가족을 달라지게 했다는 증거다.

다음은 그림책이 부모들과 아이들을 모두 행복하게 했던 6월 참여 수업 때의 일이다. 참여 수업은 학부들이 유치원에 거의 다 참여를 한다. 그때 학부모들이 모인 자리에서 아래와 같이 질문을 했다. 물론 질문의 취지는 짧은 시간을 통하여 부모교육을 하고 싶은 욕심이 내재되어 있었고 다른 때 같으면 주절주절 많은 이야기들을 학부모들에게 쏟아 냈을 것이다. 그러나 그림책이 부모교육을 대신할 수 있는지 경험해 보고 싶었고 그림책이 주는 위력을 다시 한 번 증명해 보이고 싶었다.

"어머님, 아이들을 하루에 몇 번 안아 주시나요?"

"두 번이요."

"한 번이요."

"수없이 많이 안아 주어요."

셀 수 없을 정도로 많이 안아 주는 부모도 물론 있지만 대부분은 평균적으로 세 번도 안 되었다. 나는 다른 말 하지 않고 학부모들에게 그림책을 읽어 드리고 싶은데 괜찮냐고 묻고 필리스 거셰이터와 밈 그린의 《사랑해 꼭 안아 줄 시간》을 읽어 주었다. 그리고 학부모들에게 이 책에서 나온 것처럼 하루에 10번 이상씩 은 안아 주라고 했다. 그리고 미션과제를 수행하도록 했다.

아이가 가정으로 돌아가서 "엄마, 지금 무슨 시간이에요?"라고 물어보면 딴 소리 하지 않고 "사랑해, 꼭 안아 줄 시간이야." 하면서 꼭 안아 주라고 했다. 부모 역시 아이들에게 "지금 무슨 시간?" 하고 물어보라고 했다. 물론 아이들에게도 부모님이 지금 무슨 시간이냐고 물어오면 "사랑해요." 하면서 꼭 안아 드리기로 약속을 했다. 아이들은 부모님이 "사랑해!" 하면서 꼭 안아 주니 좋았던 모양이다. 엄마 아빠를 만나거나 선생님을 보면 시도 때도 없이 "지금 무슨 시간이에요?" 하는 것을 보면 말이다.

이런 그림책 미션을 통해 아이들도 행복하고 부모들도 행복한 시간을 만들었다. 그러고 나니 아이들과 부모님의 관계도 좋아지는 것은 물론이고 유치원의 분위기도 가정의 분위기도 달라졌다.

아이들에게 그림책을 읽어 주면 아이들이 변화되고 교사들에게 읽어주면 교사들이 변화된다. 또 학부모들에게 읽어주면 학부모들이 변화된다. 더군다나 그림책을 읽어주는 자신이 변화되는 것을 경험하면서 그림책에 묘한 매력을 느끼게 되었다. 그러므로 아이들과 대화가 안 되고 소통이 안 된다고 말할 필요가 없다. 좋은 그림책을 만나는 순간부터 소통이 시작이 되는 것이다. 더군다나 혼자 글을 읽을 수 있게 되더라도 엄마가 소리 내어 읽어 준다면 아이는 엄마의 목소리에 집중하게 되고 마음으로 이미지를 그리게 된다. 그렇게 되면 아이의 사고력과 상상력은 증강되고 조금 더 자라서 그림이 없는 책을 읽게 되더라도 그 내용을 상상할 수 있는 능력이 생기는 것은 물론이고 스스로 자연스럽게 독서력이 강한 아이로 성장한다.

이렇게 그림책을 읽어 주면서 그림책이 아이들을 변화시키고 세상을 변화시키는 실마리가 된다면 얼마나 멋진 일인가 하는 생각이 들었다. 그러면서 문득 그림책을 만들어 보고 싶다는 열망이 꿈틀거렸다.

아이를 꿈꾸게 하고 세상을 품을 수 있게 하는 가장 좋은 방법, 더군다나 나 자신이 스스로 변화되고 스스로 길을 찾으며 세상을 아름답게 하는 가장 좋은 방법을 그림책을 통해서 이루어야겠다고 생각했다. 그래서 나의 마음 안에 있는 그림책 속에 온 세상을 정성껏 그린다. 그 온 세상을 통해 아이들은 구석구석 탐험하고 여행하면서 신나게 한 판 놀면서 꿈을 꿀 것이다. 그 꿈들은 다음 세대를 이어가고 또 이어지게 하는 변하지 않는 사랑이다.

02

중국에
유치원 세우기

내가 운영하는 유치원에는 한국의 유아교육을 벤치마킹하기 위해 중국 유치원의 원장님들과 교사들이 종종 방문한다. 그럴 때면 참 안타까운 것이 있다. 유아교육이 왜 중요한지, 교육의 목적이 무엇인지, 어떻게 교육과정이 운영되는지 등의 질문을 해야 하지만 유치원에 방문한 원장님은 그런 것에는 아무 관심이 없어 보인다. 어떻게 해야 수익이 창출되는지에만 관심 있어 보인다. 물론 많은 원장님들 가운데 한분이라는 생각을 하지만 씁쓸하지 않을 수 없다.

현재 중국은 교육뿐만 아니라 여러 다양한 영역에서 발전하고 있으며 빠른 속도로 변화하고 있다. 중국 내의 변화뿐 아니라 세계의 변화까지 주도하는 나라가 되고 있다. 그러니 세계 여러 나라에서 관심을 갖지 않을 수 없다. 나 또한 세상 변화에 관심을 갖게 되었고 특히 중국의 유아교육에 관심을 가지게 되었다.

그러나 사실 중국어도 못하는 나에게는 큰 부담이며 문을 두드리는 일이 그렇게 만만치 않을 것이다. 중국의 유아교육에도 중국 나름의 방법이 있을 것이고 그들의 국민성이 새로운 사람을 많이 경계하고 마음을 열어 주지 않는다고 한다. 그렇다고 나의 꿈을 포기한다는 것은 사명을 포기하는 것과 같다. 중국의 유아교육에 맞설 수 있는 방안을 연구하고 중국 유치원에 대한 정보를 모으면서 급하게 서두르지 않고 차근차근 준비한다. 열정 하나만으로 실행할 수 있는 일이 아니라는 것을 알기 때문이다.

일단 꿈을 포기하지 않고 지금 당장 시작하는 것이 우선이다. 아주 작은 것부터라도 말이다. 제일 먼저 스스로 마음을 다잡고 동기부여를 받기 위해서 책을 읽는 것으로 시작할 것이다. 중국어에도 도전하고 중국에서 사업을 하거나 유치원을 운영하고 있는 지인들을 만나 정보를 수집하면서 지금하고 있는 나의 일에 최선을 다하는 것이 가장 먼저 해야 할 일이다.

그리고 실력이 곧 여러 가지 어려운 난제를 견디는 강한 힘이니까 일단 현장에 직접 가보는 등 목표를 이루기 위해 노력할 것이다. 그리고 그들에게 필요한 나의 노하우는 중국 유아교육 시장에 결정적 기여를 하는 것은 물론이고 나를 만나는 순간 단박에

판도가 바뀔 것이다. 나의 이런 소망은 결국 꿈처럼 연결이 된다.

1917년 3월 어느 날 유아사업을 하고 있는 지인이 중국인 교사를 한 명 데리고 나를 찾아왔다.

"원장님, 제가 음악 사업을 중국에서 하고 있는데 원장님의 도움이 필요합니다. 중국의 교육시장은 활기를 띠고 있는데 정작 하실 수 있는 사람이 없어서요. 그래서 원장님을 찾아 왔습니다."

지금 중국의 교육현장은 활성화되고 있으나 정작 무엇을 해야 할지 모르며 아주 어수선하다고 했다. 아이의 발달에 맞는 교육은 제쳐두고 오로지 공부만 잘하게 해서 출세시키려고 하는 추세라서 너무 안타까운 현실이라고 토로했다. 더군다나 중국인 선생님은 자신도 중국인이지만 이러한 중국의 교육 현실이 너무나 위급하다고 생각된다고 했다. 그러면서 나에게 도움이 필요하다고 한다. 이렇게 늘 마음속에 품었던 꿈과 소망은 나도 모르게 운명처럼 연결된다. 그러므로 늘 꿈과 포부를 갖는 것이 좋다.

얼마 전에도 내가 꿈꾸는 대로 이어지는 경험을 했다. 나의 저서 《화내는 엄마 눈치 보는 아이》를 읽고 중국의 부모들에게도 들려주고 싶다고 중국어로 번역을 해 보고 싶다고 하는 분이 있었다. 그리고는 중국의 학부모들에게 아이를 어떻게 하면 화내지 않고 잘 키울 수 있는지 또 영유아기에 필요한 부모교육을 부탁하고 싶다고 제의를 받았다. 참으로 신기한 일이다. 마음속으로 스치고 지나가는 생각들조차 꿈처럼 연결되는 순간들이 생겨나는 것을 보면서 기회가 성큼 다가오고 있는 것이 느껴진다. 이 외에도 중국의 도서전에 《화내는 엄마 눈치 보는 아이》가 전시되기도 했다는 연락도 받았다. 모쪼록 《화내는 엄마 눈치 보는 아이》의 저작권도 수출할 수 있는 기회가 되기를 소망한다.

다음은 우리가 보고 배웠던 일본 유아교육에 대한 이야기다. 중국이 우리나라의 유아교육을 배우고 따라 하려고 하듯이 우리도 일본의 유아교육을 보고 배우며 따라 하던 때가 있었다. 오래전 내가 초보교사였을 때는 교육과정이며 환경에 관한 여러 내용들이 일본의 유아교육을 모델로 했었다. 그리고 많은 원장들이 일본의 선진 유치원을 방문하면서 보고 배우려고 노력했다. 이는 우리 대한민국의 유아교육을 열심히 잘해 보고자 하는 열망이 컸었기 때문이다. 그래서 1980년대를 비롯한 1990년대는 일본 유아교육 연수가 한창이었다.

그때는 일본의 유치원을 보면서 그들의 국민성과 저력이 유아교육서에서 비롯되었구나 하는 생각을 하기도 했고 내심 부러워하는 마음도 있었다. 그러면서 우리 대한민국의 유아교육도 예전과는 다르게 빠른 속도로 변하고 성장했다. 세계 어느 나라에 내놓아도 손색이 없을 만큼 비약적으로 성장했다. 그럼에도 유아교육을 하는 원장들은 그냥 여행만 해도 좋으련만 꼭 선진 유치원 방문을 하면서 공부하려고 한다. 그만큼 유아교육에 대한 열정과 애정이 식지 않았다는 것이다. 사실 그 열정과 노력이 있었기 때문에 대한민국이 이만큼 성장했다고 생각한다. 왜냐하면 모든 인생의 기초는 유아교육에서부터 시작하기 때문이다.

2017년 6월에도 유치원 원장님들의 해외 연수가 일본에서 있었다. 이제는 일본의 유치원을 그만 방문해도 좋으련만 원장님들의 열정은 세월이 가도 식을 줄 모른다. 이번에도 유치원 두 군데를 방문했다. 그러나 오래전에 보았던 일본 유치원의 모습을 그대로 유지하고 있었다. 세월이 많이 흘렀고 세상이 너무나 빠른 속도로 변화하고 있는 터라 유치원의 모습도 많이 변해 있을 거라 생각했는데 일본의 유치원은 환경도 교육의 장면도 그대로 정지되어 있는 듯 변함이 없어 보였다.

나는 그 모습을 보고 실망해야 할지, 존경해야 할지 알 수가 없었다. 세상이 변한 만큼 성장하고 변화가 있어야 하는지 아니면 변하지 않는 그 무엇을 추구하는 것이 일본의 숨어 있는 힘인지 알수가 없었다.

아이들이 땀을 뻘뻘 흘려도 에어컨은커녕 선풍기도 틀지 않았다. 책상이며 의자는 아주 오래된 골동품 같아 보였다. 그야말로 글로벌 아이들이 19세기 교실에 앉아서 19세기 교육을 받고 있든 모습이었다. 아마 우리 대한민국 같았으면 각종 민원이 발생할 것 같은 상황이었다. 물론 일본 교육의 깊숙한 곳까지 알 수 없으나 그들만의 고집스러운 무언가가 슬그머니 부러워졌다.

이제 우리도 다른 나라의 유아교육을 부러워만 할 것이 아니라 세계를 이끌어 가는 유아교육, 미래를 바라보는 유아교육이 되어야 한다. 그러기 위해서는 온 세상의 중심이 될 수 있는 힘을 기르는 것이 필요하다. 중국 시장을 넘어 미국과 유럽 등 더 넓은 세상을 보고 세계의 유아교육에 성큼 나아가는 꿈의 날개를 펼 수 있도록 말이다.

03 부모교육 명강사가 되어 **중국 부모들에게** 부모교육 하기

"원장님, 저 원장님한테 SOS 신청합니다."

"무슨 일 있으세요?"

"원장님, 원장님께서는 부모교육을 잘하시니까 저 좀 도와주시면 안 되겠어요?"

"제가 무슨 능력이 있나요?"

"원장님 정도면 충분합니다. 제가 자리를 마련해 놓을 테니까 승낙만 해 주세요."

얼마 전 중국에서 교육 사업을 하고 있는 지인으로부터 중국에 있는 부모들에게 부모교육을 해달라는 제의를 받았다. 현재 중국에는 유아교육에 대한 관심과 아이들 교육에 대한 관심이 크다고 한다. 그렇기 때문에 무분별한 사교육 시장도 우후죽순 생겨나기 시작하고 학부모들은 어떻게 자녀를 양육해야 하는지 갈팡질팡한다는 것이다. 그러니 내가 와서 부모교육을 해 주었으면 좋겠다는 것이었다.

그때는 여러 가지 이유로 거절을 했다. 그러나 지금 생각해 보니 기회를 잃은 것 같아서 후회가 되지만 사실 용기가 나지 않았던 것이 솔직한 심정이다. 더군다나 나이를 한 살씩 더 먹으면서 나이 듦에 대한 고민으로 자신감이 없어지기도 하고 자꾸 위축이 된다. 남들은 지금이 한창 일할 나이라고 하지만 왠지 자신이 없어지는 것에 대한 쓸쓸함이 나를 더욱 주눅 들게 한다.

그동안 너무 분주하게 그리고 열심히 잘 살았다고 생각하면서 '지금은 쉬어야 할 때지. 그래, 괜찮아. 다들 그렇게 살고 있잖아. 사는 게 뭐 별거야?' 하면서 스스로를 위로하지만 마음 한구석에 허전함이 밀려온다. 왜일까? 세상은 너무나 빠르게 변하는데 나는 지금 왜 이러고 있는 거지? 사람들은 열심히들 살고 있고 더군다나 주변의 젊은 원장들은 너무나 잘나가는 것 같아 부럽기도 하는데 나는 도대체 무엇을 하고 있는 것인가 하는 고민들이 며칠 동안 나를 시끄럽게 했다.

그러던 중 나의 인터넷카페 '육아멘토링 연구소'를 관리하다가 무심코 〈한책협〉 카페에 들어가게 되었다. 오랜만의 방문이라 서먹하기도 해서 쓰윽 훑어보았다. 많은 사람들이 자신들의 꿈을 이루기 위해 노력하고 서로 응원하는 모습이 생기 있고 꿈을 가진 사람들의 '꿈 공작소' 같다는 생각이 들었다. 그래서 늘 찾게 되는 〈한책협〉이다. 그냥 나갈 수가 없어서 댓글 하나 남기면 꿈 친구들의 응원 댓글이 주르륵 달린다. 서로 응원해 주는 댓글이 나의 마음을 토닥여 주는 듯 위로가 된다. 게다가 《하루 10분 독서의 힘》의 저자인 임원화 코치는 친절하게 전화도 주었다.

"장성오 작가님, 안녕하시죠?"

"네, 오랜만이에요. 별일 없으시죠?"

"장성오 작가님, 잘하시겠지만 이제 작가님의 버킷리스트를 다시 점검하시고 새롭게 도전할 때가 되신 것 같아요. 그렇죠? 미리 또 다른 꿈에 도전하셔야죠!"

내가 힘들어 하고 있는 것을 알기라도 하듯이 걸려온 임원화 코치의 전화는 다시금 용기를 갖게 한다. '다시 꿈꾸고 도전해야지', '새롭게 다시 시작해야지' 하는 생각들이 머릿속을 바쁘게 하고 행동하게 한다. 나는 먼저 몇 년 전에 써 놓았던 꿈 목록을 들추어 보았다. 그리고 하나하나 읽어 보니 참 열심히도 살았던 삶의 흔적들을 찾아냈다. 물론 모든 꿈이 다 이루어지지는 않았지만 계속 이어지고 있었다. 잠시 내가 잊고 있었을 뿐이다.

'나는 무엇을 하고 싶은가?'
'또 무엇을 할 수 있는가?'

두루두루 생각을 하면서 그동안 잊고 있었던 꿈들을 하나씩 꺼내 보았다. 그리고 동기유발이 될 수 있는 자기계발서 책들을 쭉 훑어보는 것도 빼놓지 않았다. 그러면서 스스로를 동기부여하고 내 안의 꿈들을 여기저기 선포하면서 꿈틀거리는 꿈 찾기는 또 다시 시작되었다. 그동안의 지치고 힘들었던 무기력은 어느새 자취를 감추었고 신선한 자극이 되어 다시금 나의 목표를 향해 나아갈 다짐을 하게한다. 왜냐하면 나의 꿈에 기회를 주지 않는다면 그 꿈은 결코 피어나지 못하게 되기 때문이다.

역시 나는 부모교육 강사로서의 사명을 잊으면 안 된다는 생각이다. 왜냐하면 그것이 내가 잘할 수 있는 일이고 평생 해야만 하는 나의 길이기 때문이다. 그렇다고 내가 부모교육 명강사가 되고 싶은 것은 내가 강의를 잘해서가 아니다. 아이들이 기쁘고 행복했으면 하는 바람이다. 아이들을 어떻게 양육해야 할지 모르는 학부모들에게는 아이들을 행복하게 잘 키울 수 있도록 안내해 주고 싶다.

아이가 행복하게 잘 커야 우리의 미래도 행복할 수 있으니까 말이다. 더군다나 영유아기 시기는 놓쳐서는 안 되는 아주 중요한 시기이기 때문이다. 그리고 비밀이지만 자신이 진실로 원하는 일이 무엇인지 아직 발견하지 못한 사람에게 진정한 첫출발을 이루고 원하는 일을 찾아 낼 수 있도록 도와주고 싶다. 이 바람이 내가 또 다시 시작하고 도전해야 되는 진실로 내가 원하는 특급 사명이다. 즉 아이들이나 부모들이 꿈꾸고 도전할 수 있도록 용기를 주는 것은 물론이고 어느 한 사람이라도 나의 강연을 듣고 마음이 움직여 행동한다면 그것이 바로 내가 꿈꾸는 최선의 삶, 최고의 삶이다.

김중근의 저서 《궁하면 변하고 변하면 통한다》에 이런 말이 나온다.

"인간은 꿈의 크기만큼 성장한다. 개인이든 조직이든 일을 시작할 때 가장 중요한 것은 꿈의 크기다. 꿈의 크기에 따라 성과물의 크기도 달라지므로 꿈의 크기만큼 성장하게 되는 것이다. 정상에 오르겠다는 목표를 가진 사람은 꿈을 크게 꿔야 한다."

그의 말처럼 다시 꿈과 목표를 향해 도전해야 한다. 그렇다면 지금은 내일을 준비할 시간이다. 한가하게 나이 탓이나 하면서 어정쩡하게 시간을 낭비하지 말자. 미리 공부하지 않고 준비하지 않으면 기회는 왔다가도 날아가 버린다. 힘들고 어려운 여정일 수도 있지만 내일을 위한 유일한 방법이기도 하다. 그러니 매순간 최선을 다한다면 분명히 나의 때가 올 것이다. 꿈은 기회니까…….

산은 높을수록 그리고 오르기 힘들수록 매력이 있다. 마음만 먹으면 충분히 할 수 있는데 나이 탓을 하면서 내가 그토록 꿈꾸고 실현하려고 했던 명강사의 꿈과 목표를 포기하려고 했던 나 자신이 스스로 부끄러워진다. 이제 다시 꿈을 꾸고 미지의 세계에 첫발을 내딛는 용기를 내보려고 한다. 세상이 나를 부르는데 응답하지 못하고 머뭇거리기에 인생은 너무나 짧지 않은가?

04

꿈이 있어
더 멋진 나로 살기

"엄마, 버킷리스트가 뭔지 알아?"

"당연하지, 그것도 모르냐?"

"아니, 버킷리스트 말야. 엄마가 유치원을 운영하면서 해야 되는 것 말고 죽기 전에 꼭 해 보고 싶은 거 말야."

"그래, 죽기 전에 해 보고 싶은 거, 나도 알아."

"아이, 참…. 아빠, 아빠도 버킷리스트 좀 써 봐요. 일 말고 죽기 전에 이것만은 꼭 해 봐야지 하는 거 말야. 알았지?"

딸 윤경이는 이렇게 말하면서 종이 한 장을 내밀었다. 아무래도 내가 자기의 말귀를 못 알아듣는 것 같으니까 아빠한테 버킷리스트를 작성해 보라고 하는 것 같았다. 아무래도 내가 쓴 버킷리스트가 진정성이 없어 보였나 보다. 사실 윤경이가 질문을 하지 않았다면 내가 죽기 전에 꼭 해 보고 싶은 것과 해야만 하는 것을 구별하지 못했을 것이다. 조금은 창피한 일이지만 내가 함으로써 나의 일이 빛나고 의미 있어야 나의 직무가 빛났던 것을 버킷리스트라고 생각했다. 물론 이러한 것도 버킷리스트라 할 수 있지만 이렇게 생각하면서 밤새 뒤척이며 생각의 꼬리를 무는 것이 육감적으로 진정성 있는 버킷리스트는 아니었나 보다.

다음날 아침 일어나자마자 컴퓨터를 켰다. 그런데 바탕 화면에 '아이돌 작가 정윤경의 버킷리스트'가 눈에 들어온다. 어제까지만 해도 없었는데 나한테 보여 주려고 밤새 작성해 놓은 모양이다. 무려 50개가 넘었다. 그중에서 몇 개만 소개하고자 한다.

- 베스트셀러 소설가 되기
- 사하라 사막 횡단하기
- 도서관 만들기
- 별 관측하기, 새로운 별 찾아서 내 이름으로 이름 짓기
- 어린왕자 박물관 가기
- 다른 사람 책 삽화 그려 주기
- 타임캡슐 만들기
- 나사 건물 내부 구경해 보기
- 일기 100권 정도 써서 죽기 전쯤 읽어 보기

- 책 1만 권 읽기
- 엄마 자동차 사 주기
- 아빠 집 지어 주기
- 개량 한복 입고 다른 나라 가 보기
- 비행기 일등석 타 보기
- 천체에 관련된 사실을 발견해서 논문 쓰기
- 기발한 아이템 만들어 누구나 쓸 수 있게 하기
- 어린왕자 영문판, 한국어판 다 외우고 프랑스어로도 도전하기
- 휴대전화 없이 1년 동안 생활해 보기
- 미술관 100곳 가 보기

"엄마 내가 써 놓은 버킷리스트 읽어 봤어요?"

"응, 그런데 그거 왜 써 놓은 거야?"

"내가 써 놓은 거 보고 느끼는 것 없어?"

"엄마 버킷리스트가 마음에 안 들었어? 이거는 엄마 버킷리스트인데 왜?"

"엄마가 진짜 꼭 해 보고 싶은 것을 생각해 봐요. 가볍게 생각해야지. 엄마는 버킷리스트가 일의 연장선 같아."

이렇게 늦둥이 딸로부터 버킷리스트 훈수를 받고 다시 한 번 생각해 보았다. 진짜 내가 꼭 해 보고 싶은 것이 무엇인지를 말이다. 그런데 생각이 나질 않는다. 건조한 나의 생활을 들키고 나니

나 자신이 더 안쓰럽고 초라한 생각이 든다.

'나도 이렇게 늙어가는구나!'

몇 년 전까지만 해도 자신감 있게 하고 싶은 일을 찾아 이루어가는 내 자신이 뿌듯했는데 어느새 이렇게 마음이 늙어 버렸구나 생각하니 우울감이 확 밀려온다. 반면에 윤경이는 늘 자신감에 넘쳐 있다. 어린 나이지만 엄마가 부러울 정도로 자신의 삶을 성실하고 진지하게 또 활기차게 살아간다.

"엄마, 내가 써 놓은 거 보고 힌트를 얻어 봐요"

"알았어."

그날 이후 나는 〈한책협〉에서 공저로 나온 《버킷리스트》와 《보물지도》 책을 찾아 쭉 훑어보았다. 많은 꿈 친구들의 버킷리스트 목록이 가슴을 뭉클하게 했고 더군다나 윤경이의 버킷리스트와 나의 버킷리스트도 발견해서 읽어보았다. 풋풋했던 그 시절로 돌아간 듯해서 잠시 미소가 지어지고 다시금 나의 꿈 목록을 만들어가는 단서가 되었다.

꿈 친구들의 버킷리스트 《보물지도3》 표지에 이런 글귀가 있다.

"1.0시대에는 '밥심'으로 많은 것들을 이루어 냈다. 그러나 2.0시대인 지금은 '꿈심'으로 살아야 한다. '꿈심'으로 살아갈 때 원하는 모든 것을 누리며 살 수 있다."

꿈이란 그건 것 같다. "꿈에게 기회를 주지 않으면 꿈도 나에게 기회를 주지 않는다."는 누군가의 말처럼 내가 생각하지 않고 꿈꾸지 않으면 꿈은 나에게로 오지 않을뿐더러 어떤 기회도 오지 않는다. 그러므로 늘 꿈꾸고 꿈을 키우는 사람이라야 당장 행동할 수 있고 꿈같은 삶을 살 수 있다. 지금 당장 나의 꿈 목록을 업그레이드하면서 다시금 가슴 뛰는 삶으로 나를 초대한다. 나의 버킷리스트는 계속 진행 중이다.

05
나 홀로
해외여행하기

　내가 죽기 전에 꼭 해 보고 싶은 것 중 하나가 혼자서 세계 여행을 하는 것이다. 혼자서는 아무것도 못하는 내가 왜 혼자 여행을 하고 싶은 것일까? 그래서 극복해 보고 싶은 것인가? 여하튼 나의 마지막 버킷리스트는 혼자 여행해 보는 것으로 마무리하고 싶다. 그만큼 꼭 도전해 보고 싶다는 뜻이다. 사실 이러한 생각은 늘 마음속에 품고 있었지만 용기를 내지 못했다. 여러 가지 핑 곗거리가 나도 모르는 사이에 넘치고 흘러 나를 움직이지 못하게 했다. 즉 마음 따로 몸 따로였으며 이는 용기를 내지 못하는 증거가 되었다. 그렇지만 늘 가슴 한구석에 꼭 해 봐야지 하는 마음을 간직하고 있다. 아직도 그때가 되지 않았지만 말이다.

얼마 전 숲 교육을 받을 때의 일이다. 지인 원장님께서 자신의 자녀교육서를 나에게 선물로 주면서 내 마음을 알아채기라도 한 듯이 "저랑 함께 유럽여행 안 가실래요?"라면서 나에게 함께 여행할 것을 권유했다. 나는 좋다고 대답했지만 내심 불안했다. 원장님은 나보다도 훨씬 나이가 많으셨고 나는 패키지여행만 다녔지 자유여행을 한 번도 해 보질 못했기 때문에 겁이 덜컥 났다. "원장님, 저는 다른 일정이 있어서 함께하지 못할 것 같아요."라면서 핑계를 대고 여행을 못하겠다고 말씀드렸다. 그렇게 말씀드리고 나니 스스로 정말 한심했다. 기회를 잃었다는 생각에 아쉬움은 더 컸다.

그러던 중 가족과 함께 샌프란시스코 자유여행을 하게 되었다. 늘 패키지여행만 하던 터라 자유여행은 늘 피곤했고 또 불안했다. 지금 가는 길이 우리가 가고자 하는 길이 아니면 어떡하지? 차를 잘못 탄 것은 아닌가? 이 동네가 우리가 찾는 동네인가? 여러 가지로 힘에 겨웠다. 전전긍긍하는 나에게 딸 윤경이는 "엄마 제발 믿어 봐요. 우리 잘할 수 있어요."라면서 나를 위로했다. 그렇지만 내가 보호자라서 그런지 더 불안했다. 이런 나의 소심증이 온가족을 힘들게 하는 가운데 나도 차츰 적응을 하면서 즐거움을 찾기 시작했다.

힘들게 찾아간 게스트 하우스가 너무 작은 곳이라서 우리 네 식구가 있기에는 불편했지만 가족들이 더 가까이 함께할 수 있다고 생각하니 마음에 들었다. 그리고 애써서 골라 찾아간 음식점의 색다름에 함께 기뻐했다. 지도를 놓고 찾아가는 소소한 즐거움과 가족들의 온정이 어우러져 가장 잊지 못할 아름다운 추억 여행이 되었다. 이러한 가족 여행은 그나마 가족이라는 울타리가 있었기 때문에 가능했을 것이다.

사실 여행도 여행이지만 일상의 모든 것에서 움직이지 못하게 하는 주범은 '불안'이다. 불안이라는 놈이 발목을 잡기 때문에 망설여지고 주춤거리는 것이다. 너무 잘하려고 하고 완벽해야 하고 또 실수를 두려워해서 불안이 가중된다. 그리고 절실함이 부족했을 때이기도 한 것 같다.

그래서 나는 '왜?'라는 물음을 가지고 스스로에게 질문해 보았다. 내가 여행을 통해서 무엇을 얻고 싶은지, 무엇이 나의 마음을 두근거리게 만들고 움직이게 하는 것인지, 어떤 일과 어떤 목표를 위해 전념하고 싶은지 스스로에게 질문하고 아는 것이 필요했다. 그래야 목표가 것이 뚜렷해질 수 있으니까. 그리고 나의 삶과 꿈에 집중하면서 행동으로 실행하는 것이 우선이라고 생각한다. 그렇지 않는다면 내가 꾸는 꿈은 현실이 될 기회를 잃어버리게 될 것이기 때문이다.

그리고 기회가 왔을 때는 나 자신을 기회 속으로 과감히 던지는 것만이 불안에서 벗어나는 방법이다. 그러면 불안이 더 큰 용기가 되어 희망하는 것으로 안내해줄 것이다. 물론 어려움이 있을 수 있겠지만 견뎌내고 맞섰을 때 나의 삶은 더 넓어지고 깊어질 것이라 확신한다.

몇 년 전 지인 원장님께서는 북유럽을 여행하면서 영유아기 학부모들을 직접 만나 느끼고 경험한 내용들을 책으로 저술했다. 그 책이 바로 《스칸디식 교육법》이다.

"원장님 부러워요. 어떻게 혼자 해외여행을 하셨어요? 너무 부럽습니다."

"누구나 다 할 수 있어요. 그렇게 어렵지 않아요."

"그래도 저는 용기가 없어서요."

"원장님도 할 수 있어요. 일단 시도하면 길이 있어요."

"저는 영어도 잘 못하는데 할 수 있을까요?"

"나도 영어는 한마디도 못합니다. 그래도 다 길이 열려요. 전철만 탈 수 있으면 돼요."

참 멋진 원장님이시다. 유치원 운영을 하면서도 특별한 시간을 만들어가는 용기 있는 모습에서 힘을 얻는다. 나도 할 수 있을까? 생각해 보고 또 생각해 보면서 일탈을 꿈꾸어 본다. 나보다 더 나이 많으신 원장님께서도 꿈을 찾아 길을 떠나시는데, 이렇게 주춤거리면서 망설이고 있는 것은 내 꿈에 대한 예의가 아니다.

최경선 원장님의 《스칸디식 교육법》을 읽으면서 북유럽으로 여행을 시작한다. 최경선 원장님처럼 세상을 여행하면서 직접적으로 사람들을 만나고 경험하면서 생생하게 느낀 것을 기록하여 한국의 학부모들에게 나의 여행 육아서를 선물하고 싶다.

　낯설고 익숙하지 않은 것을 무척 싫어하는 나이지만 이제 맞설 것이다. 익숙한 것과 결별을 선언하고 낯섦 속으로 성큼 걸어들어갈 것이다. 그리고 나 자신과 조우할 것이다. 자신과 깊숙이 만나는 시간을 가지면서 나만을 위한 생각을 해 볼 것이다. 그리고 홀로 남겨진다는 것에 대한 외로움이 어떤 것인지 그 외로움도 만나 보고 싶다. 어떤 느낌일지 궁금하다. 어떤 세상이 펼쳐질지 나 스스로도 기대가 된다. 이것이 내가 꼭 죽기 전에 해 보고 싶은 버킷리스트다.

　여행 작가가 꿈인 나의 늦둥이 아이돌 작가 윤경이는 말한다.
　"엄마, 나랑 단둘이 여행 갈까요?"
　"그럴까? 그런데 어디로 가지?"
　"엄마가 가 보고 싶은 데 말해 보세요."
　늘 지도를 펴들고 세상을 여행하는 윤경이는 세상 여기저기를 두루두루 여행한다. 자기가 가고 싶은 곳에 대한 정보를 꼼꼼히 메모해 놓고 꼭 가봐야 할 곳, 주의사항에 관한 여러 가지를 스스로 공부하고 있다. 목표가 있으니 스스로 준비하는 것이다.

막연하게 홀로 여행하려는 것이 아니라 철저하게 준비가 되어 있을 때 의미 있는 여행길이 된다. 즉, 길을 떠나려면 떠날 준비를 하는 것이 먼저다.

PART 8

스테디셀러 작가로 세상을 살맛나게 만들기

허윤숙

허윤숙

전직 초등학교 교사, 건축기사, 인테리어 디자이너, 해외 사업가, 전시기획가, 인생 탐험가

인생의 목표는 선하고 능력 있는 사람이 인정받는 사회를 만드는 것으로, 많은 사람들을 강연과 책으로 만나기 위해 준비 중이다. 현재 그동안 쌓아온 경험을 책으로 풀어내는 작가의 길을 걷고 있다.

E-mail hys0956@gmail.com
Blog blog.naver.com/0011cin
C·P 010·8337·5270

01 20대의 열정으로
죽는 순간까지
후회 없이 살아가기

    꽃다운 나이인 20대 초반, 나는 출구 없는 미로에 갇혀 고민하고 있었다. 앞으로 펼쳐질 내 직업이 싫었기 때문이다. 내가 하고 싶은 일은 분명 가슴이 뜨거워지고 영혼의 울림이 있어야 하는데 나의 첫 직업은 고리타분하기 짝이 없는 시골 초등학교 선생님이었기 때문이다.

    그때는 우리나라에 직업의 종류도 많지 않은데다가 딱히 미래에 대한 소신이 없던 나는 부모님의 뜻에 따라 교육대학에 입학했다. 딸만 다섯인 집에서 등록금이 무료였던 교대는 어쩌면 불가피한 선택이었는지도 모른다. 그렇게 원치 않는 대학에 입학하던 당시 내 심정은 마치 사랑하는 애인을 두고 다른 남자에게 팔려가는 여자 같았다. 아니, 조금 더 과장하자면 공양미 삼백 석에 팔려 인당수에 몸을 던지기 직전의 상황 같았다. 나는 먹고사는 데 도움이 되는 공부보다는 당장 재밌는 공부로 밤을 새우고 싶었기 때문이다.

졸업과 동시에 발령이 나곤 했던 당시 교대의 분위기는 그야말로 살찐 귀부인이 점심을 배불리 먹은 후 비스듬히 턱을 괴고 누운 모습이었다. 몹시 경직되고 나른했다. 그리고 커리큘럼은 초등학생에게 공부를 쉽게 가르치기 위한 여러 가지 교수법 등이 주를 이루었는데 따분하기 그지없었다.

나는 거의 꼴찌로 대학을 졸업하고 발령을 받았는데 첫 발령지는 강화도 바로 앞 아주 작은 시골 동네인 서암리였다. 작년에 섬마을 여교사 성폭행 사건이 우리나라에서 큰 이슈가 되었었는데 당시에도 그런 이야기가 심심찮게 들려오곤 했었다. 예를 들어 어느 시골학교에 발령받은 초임 여교사가 학교 숙직실에서 초등학교만 졸업한 마을 영농후계자에게 성폭행을 당해서 어쩔 수 없이 결혼까지 하게 되었다는 소문이 있었다. 남편을 공부시켜 대학까지 졸업시켰다는 현대판 바보온달과 평강공주 신화다.

내가 자취했던 집은 방문에 새끼손가락 크기의 걸쇠를 거는 게 전부였을 만큼 잠금장치가 허술하기 짝이 없었다. 또 지정학적으로도 불안한 곳이었다. 아침마다 북한쪽에서 확성기로 들리는 구호와 대남선전이 나의 모닝콜이었다. 근처 학교 옥상에 올라가서 보면 북한이 보이기도 했는데 당시 그 동네엔 누구누구가 납북되었다는 등 확인할 길 없는 말들이 떠돌기도 했다. 지금은 황당하게 들릴지 모르지만 그때는 최은희 씨와 신상옥 감독의 납북 사건으로 떠들썩했던지라 꽤 신빙성 있게 들렸다. 내가 여배우가 아닌 걸 다행으로 여기기도 했다. 불과 몇 년 전까진 북한에서 이른 아침에 초등학교 누구 선생님의 부임을 축하하는 방송까지 해주었다고 한다. 게다가 그 마을 절반 이상이 간첩이라는 살벌한 이야기에 부들부들 떨렸다.

그리고 주민 대부분이 인삼을 재배했는데 다들 동트자마자 일어나고 저녁 8시만 되면 온 마을이 통행금지 분위기였다. 심지어 가로등도 다 꺼져서 서울에 갔다가 일요일에 늦게 자취방에 들어갈 땐 랜턴을 들고 집을 찾아가야 할 정도였다. 또 젊은 남자, 젊은 여자는 온 마을에 눈을 씻고 봐도 없는, 고령화 면에선 일본을 훨씬 앞질렀던 마을이었다.

그 마을에선 서울로 한번 외출을 나오기가 무척 힘들었다. 일단 하루에 시외버스를 두세 번만 운행했고 길이 일차선 하나여서 엄청 막혔기 때문에 3~4시간 이상 걸리는 경우가 많았다.

그런데 그 어떤 이유보다 나를 힘들게 한 건 일제 강점기 같은 교직문화였다. 당시 교대에서는 졸업 성적순으로 자동 발령이 났는데 그 학교는 원래 신규가 발령 나기 힘든 곳이었다. 그런데 내가 마지막 꼴찌 그룹에서 불행히도 1등을 하는 바람에 1등에 대한 예우 차원에서 그렇게 발령이 났다는 것을 나중에 알게 되었다.

특지역이란 소위 교사 특수부대 지역, 즉 위험한 지역이란 뜻으로 몇 년만 근무하면 그 대가로 금방 교감으로 승진되는 곳이었다. 그래서 교감이 되려는 선생님들이 신청을 해서 몇 년씩 자리가 날 때만을 손꼽아 기다렸다. 다들 교장선생님에게 충성을 맹세하는 분위기여서 매사에 삐딱한 나로선 숨이 턱턱 막혔다.

게다가 그 학교 교장선생님은 전국의 3대 악당 중에서도 단연 최고라는 명예를 얻으신 분이었다. 특히 청소에 있어서 어찌나 선생님들을 잡는지 방문 와서 학교를 둘러본 다른 선생님들이 놀랄 정도였다. "이곳이 진정 학교인가, 호텔인가?"라면서 말이다.

문제는 그 분위기가 나에게는 한번 들어가면 죽어서야 나온다는 알 카트로스 교도소 같았다는 것이다. 나는 첫날부터 줄곧 어떻게 하면 무사히 여기를 살아 나갈 수 있을까를 궁리했다. 게다가 내 교실이 학교 사회에선 풍수지리학상 가장 안 좋다는 교장실 바로 옆이어서 탈옥 욕구를 더욱 부채질했다.

교장선생님은 곧 정년퇴직을 하시는 분으로, 까다롭고 깔끔하며 소음을 싫어하셨다. 그런데 나는 갓 발령받아온 신입교사로, 둔하고 지저분하고 시끄러웠다. 그래서 나의 존재는 교장선생님에게 늘 골칫거리였다. 교사회의 때 아이들을 실내 정숙시키라고 하시는 훈계는 바로 나한테 하는 말씀이었다. 또 특별구역 담당 청소 지도를 잘하라는 말 또한 나에게 대놓고 하시는 말씀이었다.

급기야는 수업시간에 불쑥 들어오셔서 청소 상태가 이게 뭐냐고 아이들 앞에서 큰소리로 나를 혼내셨다. 무엇보다 주번 교사가 되면 죽음이었기 때문에 나는 낙엽 성수기 때 내 차례가 돌아오지 않게 해달라고 나무 앞에서 빌고 또 빌었다. 만약 운동장에 낙엽이 한 장이라도 떨어져 있으면 난리가 나기 때문이다. 나는 이때 오 헨리의 단편소설 《마지막 잎새》가 떠올랐다. "나뭇잎아, 제발 내가 주번을 할 때만이라도 붙어 있어 주겠니?" 하고 기도했다. 나는 이해가 안 되었다. 떨어질 낙, 나뭇잎 엽 아닌가? 아니면 엄하게 나무더러 경고라도 해야 한단 말인가? "나무야, 너의 떨켜를 그렇게 우후죽순 작동하면 안 돼. 날 잡아서 한방에 끝내야 해!"라고 말이다.

이런저런 이유로 나는 결국 추운 어느 겨울날 발령난 지 겨우 1년 3개월 만에 교사를 그만두고 말았다. 평생 직업이라는 교사를 말이다. 그렇게 대책 없이 사표를 던진 후 경제적으로 추운 날들을 오래도록 견뎌야 했다. 그 후 나는 그토록 목말랐던 생동감 있고 창의적인 일이 뭐가 있을까 알아보다가 무에서 유를 창조해내는 건축 설계 일에 매력을 느꼈다. 그래서 1년 과정의 건축학원에 등록하고 건축기사 자격증 등을 땄다. 그리고 취직이 되었는데 과연 생고생이 무엇인지 제대로 배우는 시간들이었다.

지금은 모 건설회사 회장님이 되셨지만 그 당시 빌라 몇 동을 지어 팔던 분의 10층짜리 건물을 지을 때였다. 바깥 온도가 영하 10℃를 오르내리는 살벌한 추위에 나는 호이스트(화물을 들어 옮기는 장치. 권상기라고도 함)를 타고 오르내리면서 건축물 감리를 보게 되었다. 그런데 그 현장은 위험천만했다. 경비를 아끼느라 외벽에 소위 현장용어로 '아시바'라는 비계에 발판과 외부 보호막을 설치하지 않은 것이다. 한번은 10층에 먹줄을 놓은 적이 있었는데 그날 나는 하마터면 10층 밑으로 떨어질 뻔했다.

목공 반장님이 먹줄 놓는 줄을 잡아달라고 나에게 부탁을 했는데 좀 더 뒤로 가라고 하는 말에 내가 거의 건물 끝부분까지 간 것이다. 지금 생각하니 아찔하다. 만약 그때 반장님의 "안 돼!"라는 외침이 없었다면, 내가 한 발자국만 밖으로 더 내디뎠다면 정말 큰일이 났을 것이다.

그런데 아이러니하게 그런 고생들에도 나는 참 신이 났다. 남들은 도저히 이해하지 못했지만 말이다. 당시 건축회사 설계직 월급은 그야말로 차비 수준이었다. 그나마 회사 사정이 나쁠 땐 몇 달씩 밀리기도 했다. 그러나 나는 아랑곳하지 않았고 디자인 하는 순간을 무척 즐겼는데 영혼이 짜릿하기까지 했다. 하지만 대학에서 디자인을 전공한 디자이너들에 비해 대우가 좋지 않았다. 나는 온갖 잡다한 일들을 도맡아 했지만 늘 웃고 다녔다. 특히 내가 디자인한 도면을 들고 현장 감리를 해서 그 결과로 공간이 새 옷을 입을 때 나는 말할 수 없는 희열을 느꼈다.

그러다가 나중엔 해외에까지 나가서 사업을 하기도 했다. 또 얼마 후 금융위기를 맞아 지옥을 맛보기도 하며 누가 뭐래도 참 다이내믹한 삶을 살았다. 그런 와중에 사람들은 나를 이해하지 못했다. 안정적인 교사를 그만두고 왜 사서 고생을 하느냐고 말이다. 하지만 나는 젊을 때 고생은 사서라도 한다는 말을 믿었다. 그 결과 잘 살게 되었다고 말을 하는 게 아니다. 많은 경험은 사람을 자신감 있고 관대하게 만든다는 사실 때문이다.

그까짓 고생을 한 것쯤 나는 후회하지 않는다. 다양한 사람들을 만나고 위기에 부딪히면 해결하면서 그 순간들은 내게 더 충만한 감정을 주었다. 그리고 이렇게 인생의 굴곡을 경험할 수 있어서 좋았다. 그것들은 앞으로 남은 인생에 있어 좋은 재료가 되어 줄 것이기 때문이다. 일단 책을 쓰더라도 소재가 무궁무진하다.

젊을 때부터 나는 죽는 순간을 미리 상상하곤 했다. 이브 몽탕이라는 프랑스 국민 배우의 죽음에 관한 기사를 접하고 나서다. 그는 한때 마릴린 먼로와 염문을 뿌린 배우다. 이브 몽탕은 죽기 직전에 이런 말을 했다.

"내 인생에 후회란 없다. 해 보고 싶은 것 다 해 보았고, 좋은 사람을 많이 만났고 명성과 부를 다 얻었기 때문이다."

노래, 춤, 연기 등 재능이 많았으며 사랑도 많이 받은 배우다운 말이다. 그의 말은 나를 열심히 살게 한 원동력이 되었다. 죽는 순간에 후회해 봤자 아무 소용이 없다는 것을 주위 사람들을 통해서 많이 봐 왔기 때문이다. '나의 마지막 모습은 어떨까?', '나의 장례식에는 누가 와줄까?'라는 생각들을 하면 한 순간도 허투루 살 수가 없다.

나는 죽는 순간 "매일 생의 한가운데로 걸어 들어가서 깊이 호흡하며 살아 왔다."고 말하고 싶다. 일부러 피하거나 돌아가지 않고 말이다. 나는 오늘도 길고 깊은 숨을 들이마시며 오늘 나에게 상큼한 펀치를 날려 줄 일은 과연 무엇이 될까 기대해 본다.

멋진 할머니가 되어
패션화보 찍기

최근에 종영된 〈윤식당〉이라는 예능 프로그램이 있다. 과연 식당을 운영하는 모습이 재미있을까 생각했었는데 내 예상과 달리 꽤 인기가 있었다. 촬영지였던 섬에서의 여유로운 라이프스타일이 지친 도시인들의 가슴에 파고들었던 모양이다.

그런데 나는 다른 이유로 그 프로그램에 매료되었다. 바로 식당의 주인인 배우 윤여정 씨다. 힘들게 살아온 인생 스토리와 그것을 멋지게 극복한 점 때문에 나는 평소 그녀를 좋아했었다. 그런데 이번에 내 눈길을 사로잡은 건 반바지에 티셔츠 하나만 걸쳐도 드러나는 스타일리시함과 군살 없는 몸매 그리고 그 스타일을 완성하는 당당함이었다. 평소 그녀의 스타일은 20대들이 따라할 정도로 감각적이다.

요즘 드라마나 광고를 보면 예전에 비해 중장년 배우들이 꽤 많이 보인다. 나이가 들어도 젊을 때와 분간이 안 갈 정도로 늘씬하고 멋진 여배우들이 많다. 젊은이들의 전유물이었던 매스미디어의 흐름이 조금씩 바뀌고 있는 듯하다. 미국이나 유럽에서는 이미 광고 마케팅에 적극적으로 활용하고 있다. 이 현상은 패션계에 두드러져서 증손자를 볼 나이에 모델이 된 경우도 있다. 심지어 90세가 넘은 모델도 꽤 있고 60세는 실버모델 중 젊은 축에 속한다.

미국에 카르멘 델로피체라는 모델이 있다. 박사학위 소지자인 그녀는 80세가 훌쩍 넘었는데도 여전히 지적이며 아름다운 자태를 뽐내고 있다. 또 100세를 코앞에 남겨둔 Erni라는 할머니 모델은 일반 직장인처럼 11시 정시에 출근하고 6시에 퇴근한다. 가슴골이 깊게 파인 재킷을 입은 그녀의 사진을 보고 나는 입을 다물 수가 없었다. 당당하고 깊이 있는 섹시함 때문이다.

20대의 섹시함은 남성들을 유혹하기 위한 몸짓으로 보일 수 있지만 90세가 넘은 할머니의 섹시함은 자신만의 멋으로 그 누구도 아닌 자신을 위해 누리는 것처럼 보인다. 한마디로 몸보다 뇌가 섹시한 것이다.

그런데 이러한 실버 모델들이 모델 일을 하는 데 있어서 단지 젊은 시절의 아름다움을 유지하거나 되돌리는 데 관심이 있을까? 아니다. 화보에서 보이는 할머니 모델들은 주름이 온몸에 그대로 드러난다. 심지어 현재 72세인 헬렌 미렌이라는 미국 여배우는 화보를 찍을 때 자기 얼굴에 어떠한 보정 작업도 하지 말 것을 주문한다. 얼굴에 있는 주름 하나하나가 스토리가 담겨 있는 삶의 훈장인데 함부로 젊은이들의 잣대로 수정해서 그 훈장을 없애지 말라는 뜻으로 보인다.

이런 실버모델들이 점점 늘어나는 이유가 뭘까? 영국 〈파이낸셜 타임스〉는 '현명하고, 더 부유한'이라는 제목의 최근 기사에서 가장 핫한 트렌드란 바로 럭셔리 패션 브랜드의 할머니 모델 기용이라고 말한다. 세계적인 불경기 탓에 주머니가 얇아진 젊은 세대에 비해 상대적으로 부유한 실버계층을 겨냥한 시장이 형성되고 있는 것이다. 또한 많은 마케팅, 트렌드 전문가들은 사회가 노인을 바라보는 시선이 달라졌다는 것에 주목한다.

최순화 동덕여대 국제경영학과 교수는 "할머니 모델을 내세우는 광고는 노인에 대한 이미지가 과거와 달라졌기에 가능한 것이다."라고 말한다. 또 "전에는 노인, 특히 할머니라고 하면 무조건 젊은 층이 보살펴 줘야만 하는 수동적인 약자 집단이라는 시선으로만 바라봤다."며 "하지만 구매력을 무기로 세련된 라이프스타일을 즐기는 '젊은' 할머니가 늘면서 돌봄의 대상에서 동경의 대상으로 이미지가 바뀌고 있다."고 덧붙였다.

80세가 넘더라도 자신만의 고유한 스타일을 갖고 있다면 스타일 아이콘이 될 수 있는 시대인 것이다. 또한 역설적으로 대중이 선망하는 노년의 이미지를 담아 동경심을 자극한다는 것이다. 광고에 등장하는 할머니 모델은 오히려 젊은 층을 공략하기 위한 선택이라는 주장이다.

이 모델들의 얼굴은 쉽게 만들어진 것이 아니다. 각자의 분야에서 치열하게 커리어를 쌓아온 결과물과 인격을 얼굴에 정착한 것이다. 나이가 들면 모든 것이 얼굴에 드러난다. 젊었을 땐 타고난 미모 뒤에 숨길 수가 있다. 그러나 얼굴에 주름이 하나둘 덮일 때쯤이면 고가의 화장품으로도 주름을 메울 수가 없다. 그렇다고 실리콘 덩어리로 채운다든가 정기적으로 보톡스를 맞아 탄력을 유지하면 부자연스러워 보기가 흉하다.

미레우 길리아노의 저서 《프랑스 여자는 늙지 않는다》에는 나이 드는 것에 대한 당당함이 담겨 있다.

"나는 거울에 비친 내 모습을 있는 그대로 바라본다. 그 모습을 받아들이고 편안하게 생각한다. 하지만 내가 보내는 메시지를 통제하기 위해 무슨 일이든 할 것이다. 나 자신을 돌보고 현재의 내 이미지를 가장 멋지게 드러내기 위해 최선을 다할 것이다. 그리고 이것이야말로 프랑스식으로 멋지고 당당하게 나이 먹는 방식이라는 것이다. 겉으로 드러나는 모습을 기분 좋게 인정하고 더 나은 방향으로 나아가고자 애쓴다. 그리고 자기만의 개성을 가꾼다. 즉 마음가짐이 노화를 방지하는 마법의 묘약이라고 한다."

프랑스 여배우들은 나이가 들어도 아름답기로 유명한데 이렇게 프랑스인들의 저변에 깔린 나이 듦에 대한 긍정적인 철학이 있기에 가능하다.

나는 요즘 우리나라 할머니 문화도 조금씩 바뀌어 가는 걸 느낀다. 얼마 전 전철 안에서 당당하고 아름다운 할머니를 보게 되었다. 염색을 하지 않은 하얗게 센 단발머리의 할머니였다. 니트와 바지를 베이지색으로 통일하고 멋진 로퍼에 큼직한 카키색 가방을 메고 계셨다. 차림새보다 더 멋진 건 요즘 멸종되다시피 한 '전철 독서족'의 모습이었기 때문이다. 두꺼운 돋보기안경을 끼고서 말이다. 20대의 젊은 아가씨도 아니고 70세는 되어 보이는 할머니에게 반해서 한참을 쳐다보다가 내릴 역을 지나칠 뻔했다.

그리고 20대부터 자주 상상해 왔던 미래의 내 모습을 그려 보았다. 나는 이미 50세를 넘겼으니 몇 년 후면 할머니 소릴 듣게 된다. 그런데 내가 뒷방늙은이가 아니라 인격적으로 숙성되어 향기가 나는 사람이 된다면 얼마나 근사할까? 생각만 해도 가슴 벅차다. 그리고 거기에 더해 외모마저도 근사하다면 좋겠다. 젊은이 옆에 서도 기죽지 않고 당당하고 아름다운 할머니 말이다. 또 긴장감을 놓지 않기 위해 멋지게 꾸민 나의 사진을 블로그 등에 꾸준히 올리고 책으로 엮어내는 것이다.

이렇게 완성되는 미래의 패션 화보집은 시기는 70세 이후가 되어야 가능하지 않을까 싶다. 그 정도 나이가 되어야 진정한 성숙미를 제대로 갖출 수 있을 것 같다. 단, 평생 인격적으로 노력하고 나만의 스타일을 찾는 것을 게을리하지 않는다면 말이다. 이미 패션화보집의 제목까지 정했다.《나는 늙지 않는다. 다만 완성될 뿐이다》이다.

나이가 드는 것을 '늙는다'라고 표현하는 건 가구의 '낡는다'처럼 들려서 싫다. 대신 하나하나의 퍼즐조각들이 맞춰지는 자아의 완성으로 보고 싶다. 나이 드는 것이 얼마나 가슴 설레는 일이 될까? 더 나아가 "빨리 나이가 들고 싶다."라고 한다면 지나친 과장일까? 나는 누구보다 멋진 할머니가 되어 패션화보를 찍는 영광을 반드시 누릴 것이다.

03

스테디셀러
작가 되기

보통 작가라고 하면 떠오르는 이미지가 있다. 추레한 티셔츠에 머리는 산발을 하고 니코틴에 찌든 손가락 그리고 가난이 덕지덕지 달라붙은 푸석푸석한 피부가 떠오른다. 또 글을 쓰다가 마음에 안 들면 머리칼을 쥐어뜯고 종이를 손으로 구겨서 던져 버리곤 하는 모습이 생각난다. 아마 이외수 씨가 그런 이미지에 한몫했을 것이다. 그런데 요즘 이외수 씨는 깨끗하게 이발을 하고 뿔테 안경을 쓴다.

작가들의 이미지가 바뀌고 있다. 이전의 꾀죄죄한 모습들과는 달리 럭셔리하기까지 하다. 내 주변을 보더라도 말이다. 물론 무명의 순수 문학가들에게는 해당되지 않을 수도 있다. 그러나 요즘 작가라는 말은 이전 시대에 비해 활동 폭이 넓어졌다. 전에는 작가라고 하면 시나 소설, 수필 등 순수문학을 하는 사람의 이미지가 강했지만 요즘은 달라졌다. 전보다 훨씬 다양한 장르가 나오면서 순수문학뿐 아니라 생활 속에 필요한 소소한 팁들, 일상의 평범한 에피소드까지 책으로 엮어져 나온다.

어렸을 때 꿈이 무엇이냐고 물으면 나는 작가라고 대답했었다. 대부분의 여자 아이들은 미스코리아나 교사, 은행원을 꿈꾸었고 남자 아이들은 의사, 판사, 변호사를 꿈이라고 말하던 시대였다. 그 누구도 나처럼 작가가 꿈이라고 말하는 사람은 없었다. 직업이라는 세계와 동떨어져 보이기도 했고 예술적 이미지가 강해서 아무나 하는 게 아니라는 생각, 즉 천재성이 있어야 한다고 생각하는 경향이 있었다. 무엇보다 어른들이 질색을 했다. 굶어 죽기 딱 좋은 직업이라고 말이다. 적어도 당시에는 어른들의 말씀이 맞았다. 그럼에도 불구하고 내가 작가를 꿈꾸었던 데는 이유가 있다.

초등학교 3학년 때였다. 그때 담임선생님이 무척 미인이셨던 걸로 기억하는데 특히 나를 예뻐해 주셨다. 덕분에 학교 가는 것이 그렇게 행복할 수가 없었다. 반장이 따로 있는데도 나에게 심부름을 많이 시키셨고 아침 자습을 칠판에 쓰는 일을 나에게 맡기셨다. 칠판에 낙서 한 번만 해 보고 싶어 하는 아이들이 나 말고도 많은데 말이다. 그래서 4학년으로 올라갈 때 선생님과 헤어지는 것이 슬퍼 밤새 이불을 뒤집어쓰고 울기까지 했다. 설상가상으로 4학년 담임선생님은 나이가 많고 호랑이로 유명한 남자 선생님이셨다. 또 어린 내가 보기에는 반장 등 몇몇 아이들만 편애를 하시는 것처럼 보였다. 그래서 나는 학교 가기가 싫었다.

하루는 스승의 날이었다. 담임선생님께서 우리에게 선생님을 주제로 글을 쓰라고 하셨는데 대부분의 아이들은 천편일률적으로 썼다. "선생님이 너무 좋아요.", "공부를 잘 가르쳐 주셔서 좋아요." 하며 아부를 해대곤 했다. 그런데 나만은 예외였다. 나는 "작년 선생님이 그립다. 나에게 상냥하고 친절하게 잘 대해 주셨다. 그래서 선생님이 다른 학교로 가신 날 나는 밤새도록 울어서 눈이 퉁퉁 부었다. 그런데 지금 선생님은 어떤 아이만 예뻐하시고 너무 무섭기만 하다. 잠시라도 3학년 때로 갈 수만 있다면 얼마나 좋을까?"라고 솔직하게 쓴 것이다. 어린애가 '밤새도록'이라는 과장법은 어찌 알았으며 한 선생님에게 무슨 춘향이 같은 지조였는지 지금 생각해도 당돌하다.

그렇게 글을 빨리 쓰고 앉아 있는데 선생님께서 벌써 다 썼냐고 하셨다. 내가 쓴 글을 가지고 오라고 하시더니 아이들 앞에서 크게 소리 내어 읽으셨다. 나는 속으로 '죽었구나' 했다. 그런데 그 글을 읽어 내려가시는 선생님의 표정이 의외였다. 반장을 불러서는 "이 글을 주임 선생님께 갖다드려라. 이건 무조건 최우수상감이야."라고 하시는 것이었다. 다들 의아해하고 있는데 선생님이 덧

붙이셨다.

"글은 이렇게 솔직하게 써야 하는 거다."

지금 생각하면 그때 선생님의 대인배 같은 모습이 멋졌지만 한편으로 죄송하고 창피했다. 남의 흉을 보고 상을 탔으니 말이다. 그런데 그때 선생님의 글짓기 철학은 맞는 것 같다. 남에게 잘 보이려고 글을 쓰는 건 진심이 담기지 않아 울림이 없다. 그래서 번드르르한 칭찬의 글보다 솔직한 나의 글을 더 좋게 보신 것이다.

학년이 끝나고 통지표를 받았는데 그때 선생님의 생각을 다시 한 번 확인하게 되었다. 내 특기란에 나중에 반드시 작가로 성공할 것이라고 쓰여 있는 것이 아닌가? 오랫동안 그 '반드시'란 말이 잊히지가 않았다. 어린 학생의 직업을 벌써부터 강하게 확신하시다니…. 그때부터 나는 막연히 작가가 되나 보다 생각하면서 살았다. 그런데 작가라는 이미지가 워낙 빈곤하다 보니 점점 현실과는 멀게 느껴져서 잠재의식에만 남아 있었다.

하지만 어릴 때의 꿈은 다른 측면으로 도움이 되었다. 인생의 고비가 올 때마다 내가 대하소설을 완성하고 있다고 상상하게 된 것이다. 일이 잘 풀릴 때는 로맨틱 코미디, 연애할 때는 연애 소설, 엽기적인 일이 일어날 때는 하드코어 스릴러물 등 끝도 없는 이야기가 나를 주인공으로 만들고 있었다. 나는 속으로 생각했다.

'이 소설은 우리나라 최초로 30부작은 된다. 그리고 반드시 해

피엔딩으로 끝이 난다. 그러니 오늘 쓰고 있는 새드 무비는 스토리 구성상 꼭 들어가야 할 뿐 길게 가지는 않는다.'

이런 마인드로 살다 보니 어떤 일이 생겨도 괜찮았다. 심지어 남편의 사업이 힘들 때조차 모험심으로 가득했다. 유명 변호사를 선임해서 사기 사건을 의뢰하기도 하고 일처리가 미흡하다고 여길 때 변호사를 크게 혼내기도 했다. 나름의 수사논리로 조사에 대한 정보를 주기도 했는데 이럴 땐 평소 좋아하는 법정 드라마를 찍는 기분이 들었다. 이런 천진난만함 때문인지 금융위기로 어쩔 수 없이 한국에 돌아왔을 때 다들 그랬다. 생각보다 얼굴이 밝다고 말이다. 나는 모든 걸 나름대로 즐겼으니까 당연한 일이다.

지금 당장 죽는 일이 아니라면 언젠가는 해결이 될 것이고 아무 일도 없는 삶보다는 훨씬 다이내믹하지 않은가? 그런데 중년에 들어서면서 어릴 때부터 막연하게나마 꿈꾸던 작가라는 직업이 그리워졌다. 어느새 꾀죄죄했던 작가의 이미지가 바뀐 것도 한몫했다. 강연회도 하고 방송 출연도 하면서 작가들이 골방에서 바깥으로 나온 것이다. 심지어 야인의 대명사 이외수 씨는 광고도 찍고 방송도 출연한다. 책상에 앉아 글만 쓰면 알 수 없는 다양한 세상사를 작가들이 접하면서 장르가 훨씬 다양해지고 재미있는 책들이 쏟아져 나오기 시작했다. 특히 평범한 일상의 이야기들도 책의 소재가 되어 다양한 독자층을 확보하기도 한다.

이런 작가들의 활약상을 보면서 내 꿈도 꿈틀거리기 시작했다.

작년에 〈한책협〉에서 하는 〈1일 특강〉에 참여하면서 나도 저들처럼 행복하게 웃음 짓고 싶다는 소망이 생긴 것이다. 그러다가 이렇게 공동 저서 쓰기에 참여하게 되었다. 앞으로 여러 가지 과정에 참여하면서 책을 쓰고 강연도 하고 싶다. 좋아하는 일을 하면서 남에게 도움을 주고 돈까지 버는 행복한 시스템을 만들고 싶다. 이 시스템은 정년도 없으며 구속도 없다. 단지 사람들이 필요로 하는 것을 내가 조금이라도 알고 있다면 그것을 말과 글로 나누어 줄 뿐이다. 얼마나 근사한 일인가? 내가 책을 쓰면 많게는 다른 나라의 독자들까지 내 이야기를 읽고 감동하고 교훈을 얻을 수 있다.

또 나의 천진난만한 대하소설 공식을 전파해서 인생을 재미있는 놀이쯤으로 여기게 할 수만 있다면 내가 겪은 고통쯤은 아무것도 아니다. 나의 인생이 수많은 사람들에게 도움이 된다면 말이다. 실제로 어제 나도 그런 경험을 했다. 〈한책협〉의 김태광 대표 코치의 저서 《나는 직장에 다니면서 1인 창업을 시작했다》를 읽고 얼마나 위안이 되었는지 모른다. 때론 눈물도 나고 때론 코믹한 사건들을 통해서 작가의 큰 열정이 느껴졌다.

자기계발서는 사람들을 당장 일으켜 세우는 힘이 있다. 나 역시 20대에 그런 책들을 많이 만났다. 내 주위 사람들은 연애소설이나 문학소설 등을 읽었지만 나는 그런 책에는 흥미가 없었다.

대신 철학서들이나 자기계발서에 흥미를 느꼈다. 앞으로 이룰 꿈에 대한 열망 때문이었다. 연애소설을 읽는 시간은 정말 아까웠다. 그게 나랑 무슨 상관이 있나 하는 생각이 들었다. 하지만 자기계발서는 당장 내가 실천할 일들을 구체적으로 외치고 있다. 얼핏 당연한 말만 하는 것처럼 보이지만 막상 실천하려면 까먹으니 늘 새롭게 느껴진다. 그러니 다른 책을 또 사서 비슷한 잔소리꾼의 말을 기꺼이 들었다. 이런 식으로 하나둘 책이 쌓이다 보니 어느 시점부터 나는 그들의 말을 대부분 실천하고 있었다.

그럼 이제 나는 무얼 해야 할까? 바로 나의 경륜을 살려 나만이 가진 독특한 스토리로 책을 쓰는 것이다. 젊었을 때의 나와 비슷한 처지에 있는 젊은이들 혹은 현재의 나와 비슷한 연배나 선배들이 공감할 만한 내용을 책으로 내고 싶다. 그렇게 해서 젊을 때 내가 책에서 들었던 잔소리를 되돌려 줄 생각이다. 그렇게 하는 게 인생을 다이내믹하게 산 사람이 가진 최소한의 예의가 아닐까? 그것은 하나님이 이 세상에 나를 보내셨을 때 주신 소명이 무엇인지 알고 실천하는 일이 될 것이다.

나는 베스트셀러 작가에 만족하지 않는다. 베스트셀러를 넘어 스테디셀러의 주인공이 되고 싶다. 트렌드에 맞는 책도 좋지만 트렌드와 상관없이 사람들이 느끼는 공통된 감정과 에피소드를 쉽게 풀어쓰고 많은 사람들과 지속적으로 공유하고 싶다. 모두가

'이 세상에서 나는 혼자가 아니야'라고 느낄 수 있는 커뮤니티 모임을 온라인에 만들고 싶다. 다양한 생각들을 나누며 서로가 "나도 그랬어요. 그땐 이렇게 하면 어떨까요?" 하면서 귀뜀해 주면 좋을 것이다. 그래서 내가 태어난 이 세상을 조금이라도 더 살맛나게 하고 싶다. 그것이 내가 이 파란 행성에 잠시 머물면서 해야 할 최소한의 임무가 아닐까 하는 생각이 든다.

04

착한 사람들에게
무료로 집 지어 주기

"못된 사람의 끝은 없어도 착한 사람의 끝은 있다."

친정엄마가 자주 하시던 말씀이다. 하지만 나는 어렸을 때 맞벌이하시는 부모님을 대신해서 집안일을 할 때면 이 말이 너무 듣기가 싫었다. 언니나 동생들은 다른 핑계로 잘도 빠져나갔다. 물론 나도 하기 싫었지만 누군가는 해야 할 일이라는 생각에 책임감을 느낀 것이다. 게다가 전래동화에 나오는 우화들은 하나같이 권선징악을 주제로 하고 있지 않은가? 독서를 즐기던 나로서는 불가피한 선택이었다. 죽으면 지옥에 갈 수 있으니 말이다.

그런데 크고 나서 보니 착한 건 매력이 없어 보였다. 나쁜 남자

나 나쁜 여자가 오히려 멋있어 보였다. 요즘은 이래저래 착하다는 말이 사라지고 있다. 자기 이익에 반하면 난리가 나고 말이다. 이러다가 착한 사람이라는 종족은 아예 멸종되는 건 아닐까? 그러니 인간적인 사람이 눈에 띄면 그렇게 반가울 수가 없다.

몇 년 전 TV에서 한 청년이 눈에 들어왔다. 원래 TV를 안 보는데 어디선가 맑고 따뜻한 목소리가 흘러나오기에 눈길이 갔다. 오디션에서 고등학생 참가자가 부르는 노래였다. 그런데 가만 보니 어린 학생의 행동이 남달랐다. 그 오디션 프로그램은 서바이벌 방식인데다 대부분 어린 친구들이라 긴장을 많이 한다. 그런데 그는 그 와중에도 남을 배려하는 모습을 보였다. 동료가 먼저 탈락하면 펑펑 울기도 했다. 또 매 라운드에서 합격할 때마다 사람들에게 노래를 한 곡 더 들려드릴 수 있어서 기쁘다고 말하기도 했다.

나는 이런 착한 사람이 아직도 있다는 게 감격스러워 이름을 유심히 보았다. 정승환이라고 했다. 그 뒤로도 그 가수의 노래를 즐겨 듣게 되었는데 다른 사람들 눈에도 좋게 보이는지 인기가 제법 많아지고 있다. 사람을 향하는 건 가장 아름다운 방향성을 갖는다. 이제 우리나라도 이렇게 사람 냄새 나는 사람이 성공했으면 좋겠다.

그런데 얼마 전 나도 남을 위해 할 수 있는 일이 있다는 것을 알게 되었다. 몇 년 전 해외에서 사업을 하던 중 미국발 금융위기로 한국에 돌아왔다. 그리고 다시 예전에 하던 교사 일을 하게 되었다. 그러나 젊을 때 내가 차버린 그 직업은 마치 과거에 변심했던 애인을 대하듯 쌀쌀맞았다. 교사의 임용이 자동발령제도에서 선발시험제도로 바뀐 것이다. 그래서 기간제교사로 일을 하기 시작했다.

몇 년 전의 일이다. 그때 내기 담임을 맡은 반은 유난히 문제를 일으키는 아이들이 많았다. ADHD가 심해서 약을 먹는 아이가 셋이나 있었고 이유 없이 폭력을 쓰는 아이도 있었다. 어떤 아이들은 쳐다보기만 해도 왜 자기를 무시하냐며 친구들을 때리고 심하게 욕을 했다. 선생님 앞이라고 가리는 것도 없었는데, 아이가 던진 책상에 내 다리가 맞아 시커멓게 멍이 들기도 했다. 그런 아이들은 대부분 결손가정의 아이들이었고 주로 엄마가 없었다. 어떤 아이는 아빠가 폭력까지 휘둘러서 아빠가 안 들어오길 바라는 경우도 있었다. 아빠가 지방에 내려가 막노동을 하는 경우가 많았는데 그럴 때 몇 달씩 어른 없이 지내는 아이들도 있었다.

그때 아이들은 불안과 공포로 스트레스를 받았고 그런 스트레스가 교실에서 폭발했다. 그러던 어느 날 상철이라는 아이가 친구랑 싸우다가 갑자기 커터 칼을 꺼내들었다.

"다 미워! 차라리 자살해 버릴 거야! 먼저 너희들부터 다 죽여버릴 거야. 이 칼로 심장을 정확히 겨냥하면 다 죽는다구!"

나는 갑자기 벌어진 상황에 내 귀를 의심했다. 살인에 자살이라니, 끔찍한 이 말들을 믿을 수가 없었다. 나는 쿵쾅쿵쾅 뛰는 가슴을 진정시키고 상철이를 연구실로 데려가서 면담을 해 보았다. 상철이의 난동은 나에게 생뚱맞아 보였다. 평소 개그맨처럼 웃기던 아이라 걱정을 하지 않았기 때문이다. 그런데 알고 보니 상철이는 우리 반에서 가장 불행한 아이였다. 상철이가 말하길 자기는 아빠랑 둘이서 살고 있는데 아빠가 매일 밤늦게 들어오고 어쩔 땐 아예 며칠씩 안 들어온다고 했다. 형이 하나 있긴 했는데 잘못을 저질러 소년원에 가 있었다.

진짜 슬픈 일은 1년 전 상철이의 부모님이 이혼을 한 것이었다. 엄마는 상철이가 제일 따르던 누나만 데리고 다른 남자랑 재혼을 해 버렸다. 간혹 통화하던 누나와 엄마는 재혼 이후로 연락이 닿지 않았다고 한다. 그나마 의지하던 형까지 가출한 뒤로는 무서운 아빠랑 단둘이 살게 되었다. 그리고 아빠는 매일 늦게 들어오는데다 집에는 밥도 없이 자기 혼자서 며칠씩 지내는 경우도 있다고 했다. 그러니 차라리 고아원에 보내 달라고 했다. 거기 가면 밥도 주고 어른이 한 명은 있어서 좋을 것 같다고 말이다. 그런데 이야기하던 상철이가 갑자기 대성통곡을 하면서 이런 말을 한다.

"왜 막내인 나를 안 데리고 가고 하필이면 누나만 데리고 가냐고요. 내가 그때 용돈을 많이 써서 그랬나 봐요. 누나는 돈을 달라고 하지 않았거든요. 그리고 누난 얌전하니까 데려갔나 봐요. 이젠 나도 커서 엄마 말을 잘 들을 수 있고 용돈도 필요 없어요.

엄마만 보면 돼요."

듣다 보니 가슴이 너무 아팠다. 그리고 나도 모르게 그만 이런 말을 내뱉고 말았다.

"상철아, 내가 대신 엄마 해 줄게. 자살 같은 말은 함부로 하면 못써."

그때 나는 그런 상황이 처음이라 너무 당황했고 그 자리를 벗어나고 싶은 마음이 컸다. 그리고 언젠가 읽은 책 내용이 떠올랐다. 사람은 단 한 명이라도 자기를 사랑한다고 느끼면 자살을 하지 않는다고 말이다.

나는 다음날 급히 상철이 아버님께 면담을 청했다. 상철이 아빠는 우람한 체격에 고급 스포츠웨어를 쫙 빼입고 왔다. 나는 속으로 '아니, 상철이는 목욕을 안 해서 냄새가 나고 한여름에 골덴 바지를, 그것도 엉덩이가 다 뜯어질 정도로 작아진 걸 입고 오는데…'라는 생각에 화가 났다. 그런데 쉽게 말할 분위기가 아니었다. 조직의 일원같이 생겼기 때문이었다. 그래도 용기를 내어 가정 형편을 물어보았다. 상철이 아빠 말이 자기는 나름대로 잘해 주는데 그래도 늦게 오는 것은 고치겠다고 했다. 나는 반 협박으로 다짐을 받아두었다.

"상철이는 엄마를 무척 그리워해요. 아빠가 엄마 역할을 대신해 주려면 하루에 한 번은 꼭 안아 주시고 사랑한다는 말을 자주 해 주세요. 안 그러면 아이를 위탁가정에 보내거나 상철이가 원하는 대로 고아원에 보내는 수밖에 없어요.”

다음날부터 나는 상철이에게 자주 물어보았다. 아빠가 잘해 주시냐고 말이다. 그러면 무덤덤한 표정으로 이야기한다.

“네, 전보다 일찍 오고 아침마다 안아 줘요. 사랑한다고 말해 주고요. 선생님이 시키셨나 보죠?”

말은 그렇게 해도 한쪽 볼만 실룩거리는 특유의 미소를 짓는다. 그리고 조금씩 아이가 밝아졌다. 나는 상철이에게 엄마들이 할 수 있는 최소한의 행동을 해 주고 싶었다. 손 편지를 써 주기도 하고 머리를 쓰다듬어 주기도 했다. 맛있는 간식을 사다가 아이들 몰래 바지 주머니에 넣어 주기도 하고 상철이가 아침마다 먹어야 하는 약을 직접 먹여 주기도 했다. 그러다 보니 가끔 헷갈렸나 보다. 나한테 “엄마!”라고 부르는 것이었다. 나는 상철이가 늘 엄마를 생각해서 그런가 보다 했는데 문제는 다른 학생들이 있는 데서 막내아들이 집에서 하는 생떼를 부리는 것이었다. 자기가 청소 담당일 땐 그냥 가버리기 일쑤였고 수학 시간에는 체육을 하고 싶다고 드러눕기도 했다.

그렇게 4학년이 끝나가던 어느 날 상철이가 나에게 “선생님 내년엔 몇 학년 맡으실 거예요?”라고 묻는 것이었다. 그래서 “왜?” 하고 물었더니 “내년에도 제 담임 하시면 안 돼요?”라는 것이었다. 나는 상철이에게 내가 다른 학교에 가도 연락하자고 했다. 나중에 공부 열심히 해서 좋은 대학에 들어가서 찾아오라고 하니까 난처한 표정을 지으며 하는 말이 "저, 대학 못 가면 찾아가면 안 돼요?"라고 말하는 것이었다. "아니 찾아와도 돼. 그냥 공부 열심히 하란 뜻이야."

그리고 다음 해 스승의 날 상철이에게서 편지가 왔다.

"선생님. 저는 선생님을 만나기 전에는 막 살았었는데 선생님을 만나고 나서 바른 사람이 되었어요. 감사합니다."

나는 그 뒤로도 상철이와 가끔씩 만난다. 그리고 잘 지내는지 아빠가 잘해 주시는지 묻곤 한다. 상철이는 모든 게 점점 나아지는 듯 얼굴이 밝아지고 있다. 작년엔 가출했던 형까지 집으로 돌아왔다고 좋아했다. 상철이는 나로 하여금 교사의 한계를 뛰어넘게 만들었다. 나는 그 일을 계기로 다른 사람을 돕는 것이 얼마나 보람된 일인지 깨닫게 되었다. 어떤 일을 하느냐 보다 어떻게 하느냐가 중요하다는 생각도 들었다.

주위에서 부당한 장면을 목격할 때는 독립운동이라도 할 기세로 의협심이 넘쳐서 나 자신을 희생하고 싶을 때도 있었다. 그런데 이내 이기적인 나 자신으로 돌아온다. 남을 돕다가 정작 자신과 자기 가족에게 소홀해지는 경우를 많이 보았기 때문이다. 하지만 그런 것들이 해결된다면 남을 위해 봉사하고 기부하는 사람들이 점점 늘어날 것이다. 나는 그런 사회를 마음속으로 간절히 원한다. 그래서 내가 할 수 있는 최소한의 디딤돌을 우리 사회에 놓고 싶다.

그래서 나는 버킷리스트 안에 이런 소망을 넣었다. 남을 위하느라 자신이나 가족을 못 챙겨 집이 없는 사람들을 위해 무료 주택을 짓는 것이다. 안타깝게도 노후에 힘들게 사시는 분들 중에는 평생 좋은 일을 하던 분들이 많다. 그런 분들이 함께 모여서 자연과 더불어 안락한 노후를 보낼 수 있게 된다면 얼마나 좋을까? 일단 내가 건축 일을 아니까 단가도 저렴하게 지을 수 있다. 우선은 많은 돈을 벌어야겠지만 남을 위하는 일이라 행복하다. 그리고 무엇보다 착한 사람의 끝은 있고 그것은 해피엔딩이라는 친정엄마의 말씀이 옳았다는 것을 증명하는 일이 될 것이다.

05

내면을 치유하는
강연가 되기

저녁식사 후 딸아이가 한참 동안 방에서 나오질 않는다. 공부를 하는 건지 아니면 자는 건지 궁금해서 방문을 열어보았다. 그런데 역시나 내 기대를 저버리지 않는 우리 딸이다. 스마트폰 삼매경에 빠져 있다. 그러면 그렇지 하고 마음을 가다듬으려 심호흡을 하는데 딸아이가 갑자기 밖으로 뛰쳐나온다. 그리고 아르키메데스 할아버지처럼 소릴 지른다.

"엄마! 바로 이거였어! 이거!"

"뭐? 뭐라고?"

"엄마가 전에 말한 사람이 바로 이 사람이지? 왜 있잖아, 엄마가 전에 말했던 사람 말야. 음악 하는 아들이 중학교 중퇴하고 일본에 유학 갔다며? 김미경 강사님 아냐?"

"응, 맞아."

내가 얼떨떨해하며 맞다고 하니까 이런 말을 한다.

"엄마. 내 슬럼프의 원인을 알아냈어. 내가 가야금 연주 실력이 늘지 않고 싫증이 나서 슬럼프에 빠졌었잖아. 그래서 엄마랑 의논하다가 해금으로 바꾸고 말야."

"그렇지. 그런데?"

"그런데 요즘 해금 연주가 갑자기 안 되고 슬럼프에 빠졌잖아."

"그랬지. 그런데 왜?"

"이제야 알았어. 내가 슬럼프에 빠진 이유를 말야. 김미경 강사님이 그러시는데 그거 새로운 근육이 만들어지는 시기라서 그런 거래. 아들이 연주 실력이 늘지 않아 악기를 막 부수고 그럴 때 김미경 강사님은 오히려 밖에서 박수를 치면서 그랬대. '이제 네가 진짜 뛰어난 연주자가 되려나 보다'라고 말야. 나는 갑자기 연주가 안 될 때마다 그랬어. 나는 이제 더 이상 발전이 안 되나 보다, 여기까지인가 보다 하고 말이야. 그런데 이 강의를 보니까 알겠어. 실력이 오히려 느는 중이었는데 내가 그걸 못 참은 거였어."

나는 우리 딸이 이렇게 열변을 토하는 걸 처음 본다. 그리고 나도 김미경 강사를 좋아하지만 멘토 역할을 빼앗겼다는 생각에 조금은 서운하다. 나도 온갖 비유를 들어가면서 슬럼프에 대해 이야기했는데 말이다. 남이 한 말이 더 신뢰가 가나 보다. 하지만 슬럼프에서 헤어났다니 다행이라는 생각으로 스스로를 다독여 본다. 그리고 우리 딸은 앞으로 김미경 강사님의 팬이 되겠단다. 연예인을 좋아하는 것에도 엄격한 잣대를 들이대는 우리 딸이 동영상 강의 하나로 곧바로 팬이 되다니 대단한 분임에 틀림이 없다.

똑같은 말을 하더라도 가족이나 이해관계에 있는 사람이 하는 것과 남이 하는 것과는 효과가 다르다. 그래서 다 아는 말이라도 강연을 들으러 간다. 사람 사는 이야기가 거기서 거기인 것 같지만 사례가 매번 다르고 적용법이 다르기 때문이다. 같은 말이라도 하는 사람에 따라 색다르게 들린다. 엄마가 공부하라면 지겹지만 공부의 신이 이야기하면 새롭다. 직장 상사가 영업실적을 올리라면 고까운 생각이 든다. 하지만 자기계발 강사가 하는 말을 듣고는 눈물을 글썽거리기까지 한다. 누군가 내 인생에 이렇게 신경 써 주다니 하면서 말이다. 그래서 강사가 필요한 것이다.

지금은 강사 전성시대라고들 한다. 이에 따라 강의 내용도 다양해졌는데 전에는 성공학이나 건강학, 주식 등 일부에 국한되었다. 하지만 이제는 추상적인 분야까지 내용이 확대되었다. 다이어트를 하는 마음가짐이나 자신을 어떻게 바라볼 것인가 하는 것 등 당장 생활에는 쓸모없어 보이는 것들까지 강연의 주제가 된다. 삶에 문제가 생겼을 때 100인 100색의 처방이 필요할 만큼 사람들의 기호가 다양해졌다. 그리고 강사들이 그 역할을 해 주는 듯하다. 원래 남의 이야기에 끌리는 사람의 본성 때문이기도 하다.

이야기의 전달은 책으로도 가능하다. 하지만 강사들의 특유의 몸짓, 발성, 표정으로 인해 강연과 책은 느낌이 다르다. 강사의 매력으로 인해 이해도가 훨씬 높아지는 것이다. 같은 내용이라고 했을 때 책이 건어물이라면 강연은 펄떡이는 생선이라고 할 수 있을 것이다. 강연 전성시대의 흐름을 타고 요즘 우리나라에 TED와 비슷한 프로그램들이 많이 생겨나고 있다. 최근에는 길거리에서 즉석으로 강연하는 버스킹 강연 프로그램까지 생겼다.

나는 강연을 자주 듣는 편이었다. 그런데 이제는 듣는 것에서 더 나아가 멋진 강연가가 되고 싶다. 지금까지 많은 인풋을 해 왔으니 이제는 아웃풋이 가능하지 않을까? 실제로 50대가 되니 남에게 어떤 위로를 해야 할지 감이 잡힌다. 내가 할 말의 주제는 치열하게 살아온 젊은 시절의 이야기와 내가 갖게 된 패러다임 그리고 내가 꿈꾸는 미래 등이다.

대가족 시대는 3대, 4대가 삶의 지혜를 공유할 수 있었다. 하지만 핵가족화가 되다 못해 1인 가구가 점점 늘어나는 시대에 살면서 삶의 지혜나 위로를 전해 줄 사람이 사라졌다. 젊은 시절에 나는 슬럼프에 빠지면 서점에 가서 위로를 얻곤 했었다. 나와 비슷한 어려움에 처한 사람들의 이야기를 듣는 것만으로도 도움이 많이 되었다. 그리고 어려움을 멋지게 극복한 이야기에 나도 희망을 가지고 견딜 수 있었다.

나는 이렇게 사람들이 힘들 때마다 짱가처럼 나타나는 멋진 위로자가 되고 싶다. 먼저 책을 통해 나만의 스토리를 써 보고 싶다. 그 책을 보고 공감하는 사람들과 사연을 공유하고 사례들을 모아 강연에 활용하는 것이다. 이런 활동들이 쌓이다 보면 나만의 고유영역이 보일 것이다. 그런 콘텐츠를 바탕으로 최고의 강연가가 되는 것이 나의 꿈이다. 책을 쓰고 그 내용을 공유하면서 강연을 하며 나의 경험과 지혜를 나누는 삶, 너무나 매력적인 인생이 아닐까?

PART 9

대한민국 최고의 메신저로서 사람들에게 에너지 전달하기

· 김용일 ·

김용일

'인생강연코칭연구소' 소장, 삼성 라이온즈 아나운서, 대학 교수, 전문강사, '드래곤 엔터테인먼트',
'웨딩엔' 대표, 이벤트 · 방송 MC

프로스포츠 응원단장으로 활동했으며, 현재는 야구, 농구, 배구 등 프로스포츠 전문 MC이자 아나운서
다. 대학에서 레크리에이션과 스포츠마케팅을 가르치며, 기업과 관공서에서 특강 전문강사로 활동하고
있다. 책 쓰기를 통한 성공학 코치와 동기부여가를 꿈꾸며 최고의 메신저로서의 삶을 살고자 한다. 저
서로는 《보물지도7》, 《되고 싶고 하고 싶고 갖고 싶은 47가지》, 《인생을 바꾸는 감사일기의 힘》, 《나는
책쓰기로 당당하게 사는 법을 배웠다》 등이 있다.

E-mail kyi8943@naver.com   Blog blog.naver.com/kyi8943
Cafe cafe.naver.com/bndotcom05

01
부모님께
좋은 집 사 드리기

성공한 연예인들이 부모님께 집을 선물했다는 기사를 자주 접한다. 사람들은 좋은 일이 있으면 가장 먼저 부모님께 소식을 전하고 선물을 한다. 왜냐하면 함께 살아온 기간이 가장 오래되었기도 하지만 낳아 주시고 길러 주신 은혜에 보답하고 싶은 마음이 크기 때문이다.

나는 외동아들로 태어나 결혼 후 분가할 때까지 33년을 부모님과 함께 살았다. 아버지가 장남이어서 어릴 적엔 할머니를 모시고 살았다. 부유한 가정은 아니지만 별 탈 없이 행복하게 지낸 평범한 가족이었다.

유년시절에는 할머니가 나를 키우다시피 하셨다. 당연히 부모님보다는 할머니를 더 좋아했다. 유치원 갈 때도 할머니랑 가고 잠도 할머니 방에서 같이 잤다. 네 명의 식구가 방 두 칸인 집에서 지내다 보니 불편한 점도 많았다. 어머니는 말씀은 안 하셨지만 맏며느리로서 제일 힘드셨으리라 생각된다.

아버지는 장남으로서의 책임의식이 강한 분이셨다. 할아버지가 일찍 돌아가셔서 오남매의 맏이 역할을 하시느라 본인의 꿈도 제대로 펼치지 못하셨다. 20대부터 버스 운전기사를 시작으로 현재는 택시기사를 하고 계신다. 50여 년 동안 운수업만 하셨다. 베이비붐 세대에 태어난 분들이라면 비슷한 경우가 많을 것이다. 오로지 가족을 위한 희생을 삶의 운명으로 받아들이며 인생을 사셨다. 내가 결혼한 후부터 인생을 즐기려고 하신다. 하지만 연로한 나이에 넉넉지 않은 형편으로 이제껏 살아온 삶의 패턴을 바꾸기는 힘드신 모양이다.

어머니는 육남매 중 넷째로 스물다섯 살에 아버지에게 시집오셨다. 지금까지 산전수전 다 겪으면서 하나뿐인 남편과 아들을 위한 삶을 살아오셨다. 젊었을 때는 보험회사도 다니고 초등학교 어머니교실 회장도 하시는 등 많은 바깥활동을 하셨지만 내가 중학교에 들어가면서부터 주부의 역할만 하고 계신다.

우리 집은 내가 어릴 적 이사를 자주 다녔다. 자세히는 모르지만 형편이 좋지 못해 이곳저곳 옮겼다고 할머니께서 말씀해 주셨다. 그러다 내가 중학교 3학년이 되었을 무렵이었다. 아버지께서 이제껏 운전하면서 모은 돈으로 청약에 당첨되어 스무 평짜리 아파트를 구입했다. 대구공항 근처인 데다 단지 뒤쪽이 공단지대라 소음이 상당했지만 우리 집이라는 기쁨에 금세 익숙해졌다. 우리 가족은 이곳에서 내가 결혼할 때까지 함께 살았다. 부모님은 지금까지도 잘 살고 계신다.

스무 평의 좁은 아파트지만 명절 혹은 제사 때는 일가친척들이 다 모인다. 어른들은 안방에서 담소를 나누고 어머니를 비롯한 며느리들은 주방에서 바쁘다. 아이들은 옹기종기 모여 앉아 장난을 친다. 명절 때의 평화로운 풍경이다. 집은 작아도 행복지수만큼은 타워 팰리스보다 크다.

나는 주말이면 아내와 함께 쌍둥이들을 데리고 본가로 찾아뵙는다. 손자손녀들의 재롱에 부모님은 웃음이 끊이질 않는다. 물질적인 보상을 하는 것도 좋지만 새롭게 꾸린 가정의 화목함을 보여 드리고 사랑스러운 손주들을 안겨 드리는 것이 부모님께는 또 다른 효도일 것이다.

'대프리카'라고 불리는 대구의 여름은 그야말로 놀라울 따름이다. 봄, 여름, 가을, 겨울의 뚜렷한 사계절이 모호해진 기후 속에 유난히 여름이 길게 느껴진다. 나의 고향인 대구는 감히 말씀드리지만 여름에 폭염을 제외하고는 천재지변이 없어서 살기 좋은 도시다. 하지만 그 여름이 참 힘들게 한다.

"엄마, 더워서 올해는 어떻게 지낼라꼬?"

"야이 머스마야, 엄마 아빠 걱정 말고 돈 아껴라. 이제껏 아무 탈 없이 잘 살아왔다."

"에어컨 한 대 사 주께. 아들래미가 그 정도 능력은 된다. 알았제?"

"치아라 고마, 선풍기가 더 시원하고 난 자연바람이 좋다. 함부로 사지 마래이."

얼마 전 어머니와의 옥신각신한 대화다. 결국은 내가 이겼다. 20평 아파트에 6평형 에어컨을 50만 원 들여서 설치했다. 원래는 거실에 스탠드에어컨으로 놓아드리고 싶었지만 끝까지 됐다고 하시는 바람에 안방에만 벽걸이형으로 설치해 드렸다. 어머니는 쓸데없는 데 돈을 썼다고 오히려 꾸중하셨다. 하지만 아버지가 다음 날 전화로 "너희 엄마, 말은 그렇게 했어도 에어컨을 연신 켰다가 껐다가 하면서 좋아하더라. 고맙다, 아들."이라고 말씀하셨다. 뭔가 해냈다는 뿌듯함에 기분이 정말 좋았다.

'자식은 팔십 노인이 되어도 자식'이라고 했던가. 부모님은 아직까지도 나를 어릴 적 철부지로만 여기신다. 아들이 돈 쓰는 게 그렇게 애처로운지 어머니는 "니 요즘 돈도 없는데 너무 많이 쓴 거 아이가?"라고 하셨다. 오고가는 대화 속에 부모님의 사랑을 느낄 수가 있다. 처갓집에도 에어컨을 설치해 드려서 올해 여름 준비는 양가 모두 끝났다.

나도 어느 덧 다섯 살짜리 쌍둥이 남매를 둔 부모다. 부모가 되어야 진정 어른이 된다고 했던가. 요즘 들어 '나도 나이가 많이 들었구나'라는 생각이 든다. 아버지, 어머니께 문안 전화도 자주 드리고 이래저래 연세도 있으시니 걱정도 많이 된다.

길면 길고 짧다면 짧은 우리 인생에 정답은 없다. 돈이 많아서 모든 것을 누리고 산다면 분명 행복하다. 하지만 가족들과 함께 있다는 것만으로 느껴시는 감정이 훨씬 행복할 수도 있다. 둘 다 갖추기 위해 지금도 열심히 살고 있지만 말이다.

"세상에서 가장 아름다운 것은 자신의 일에 최선을 다할 때 흘리는 땀방울이다."

나의 좌우명이다. 나는 목표와 꿈을 위해 나이 불문하고 열정을 불태울 것이다. 그러면 경제적인 자유는 자연스레 따라온다고 의심하지 않는다. 아들로 태어나서 부모님께 집 한 채 사 드리지 못하겠는가? 지금보다 더 큰 집에서 부모님이 행복하게 웃으시는 모습을 보고 싶은 것도 자식 된 도리로서 하나의 목표다. 하나뿐인 부모님을 위해 뭐든지 다 해 드리고 싶다.

가끔씩 아내와 애들 재우고 맥주 한 잔 하면서 하는 말이 있다.

"여보, 돈 많이 벌어서 3층 집 짓자. 양가 부모님 다 모시고 집 앞에 넓은 정원을 가진 집에서 살면 진짜 행복하겠제."

그 소원 꼭 이루고 싶다. 인간 '김용일'로 태어나서 무엇이 두렵겠는가? 가정의 행복이 곧 모두의 행복이다. 반드시 성공해서 부모님께 집 한 채 장만해 드리고 이 말을 전하고 싶다.

"아버지, 어머니. 낳아 주시고 키워 주셔서 감사합니다. 오래오래 건강하게 함께 살아요. 사랑합니다."

02

영어, 중국어, 일본어
정복하기

요즘은 초등학교부터 영어를 정규과목으로 가르치지만 내가 학교에 다닐 때는 중학교부터 영어를 배웠다. 전형적인 문법 위주의 딱딱한 강의였다. 그때나 지금이나 나의 영어실력은 똑같다.

시대가 바뀌면서 글로벌한 능력을 갖춘 인재가 각광받는 세상으로 변모했다. 갓 태어난 아기 때부터 영어를 접하게 한다. 나도 4년 전 쌍둥이 남매가 갓난아기일 때 달아 준 모빌에 알파벳 모형이 걸려 있는 것을 보고 놀랐던 기억이 있다.

대한민국에 살면서 영어를 못하는 것이 결코 흠이 되어서는 안 된다. 하지만 영어를 잘함으로써 얻을 수 있는 것들은 무수히 많다. 그래서 다들 '영어, 영어' 하는 것이다.

나는 직장생활을 한 번도 한 적이 없다. 대학에 다닐 때부터 아르바이트를 시작했다. 그것이 결국 지금의 직업과 인연이 되었다. 흔히 말하는 프리랜서로서의 삶이 그때부터 시작된 것이다. 일이 있으면 수입이 생기고 일이 없으면 수입이 없는 일희일비의 생활을 하고 있다. 흔히 프리랜서라고 하면 마냥 자유롭게 놀고 일한다고 생각할 것이다. 물론 시간을 자유롭게 활용할 수 있다는 것에는 공감하지만, 일정 수준의 능력을 발휘함으로써 일을 선택할 수 있는 경지에 오르고 유니크(unique)한 능력을 인정받아야지만 진정한 프리랜서라고 할 수 있다. 나는 일찍부터 이런 생활에 익숙해서 누구나 한 번쯤 쳐 본 토익시험도 본 적이 없다.

같은 처지의 MC 후배들은 MC로 산다는 게 너무 행복하다고 말한다. 아직 20대와 30대 초반이라서 그런지 지금의 일이 영원할 것이라고 쉽게 생각하는 것 같다. 나도 그때는 그랬다. 하지만 그들과 나의 차이점은, 나는 일이 끊이지 않도록 직장인처럼 고정으로 할 수 있는 일들을 미리 만들어 놓았다는 것이다. 나는 야구장 응원단장, 장내 아나운서, 대학교 강의 등 고정 수입체계를 준비했다.

비수기에 프리랜서들은 그야말로 죽음이다. 일이 없다. 실직 상태나 다름없어서 생계에 직접적으로 영향이 미친다. 무심코 쓰다 보면 빈털터리가 되는 것은 시간문제다. 이벤트 MC라는 직업은 아직까지 사회적으로 인정받지 못하고 있다. 경기에 가장 민감하고 3D 업종에 속한다.

　지난 몇 년간 대한민국은 굵직한 사건들로 어수선했다. 세월호 사건은 전 국민을 슬픔 속에 빠뜨렸고, 메르스라는 전염병이 급속도로 퍼져 관리당국의 소홀한 관리 문제가 대두되었다. 또한 수시로 터지는 AI 바이러스 전염은 가축을 키우는 농가들을 망연자실하게 만들었다.

　여기서 생각해 볼 문제가 있다. 국가적으로 비상사태나 다름없는 사건들이 발생하면 사람들에게 웃음과 감동을 주는 이벤트나 행사들은 아예 시행조차 안 된다. 예정되어 있던 행사들도 다 취소된다. 나라가 슬픔에 빠진 긴급사태인데 떠들고 웃고 즐기겠는가?

　이런 상황에서 이벤트와 서비스업에 종사하는 사람들은 과연 어떻게 살아야 하는가? 사건을 종식시키는 데만 관심을 가질 뿐 여러 업종의 희생은 생각지도 못했을 것이다. 당시 이벤트와 서비스 업종 종사자 중에서 파산 신고한 사람 수만 해도 엄청나다고 들었다. 이들의 생계는 과연 누가 책임져야 하는가?

　결국, 자기가 직접 시대에 맞는 능력을 키워야 험한 세상을 이겨 낼 수 있다. 억울한 사연 하나 없는 사람이 어디 있겠는가. 극복하는 것은 오로지 자기의 몫이다.

　나는 2년 전, 새해를 맞이해 종이에 '영어, 중국어, 일본어 5년

이내에 정복'이라고 크게 적어 방에 붙여 놓았다. 이 세 가지 언어를 자유자재로 구사하면 대한민국에서 특별한 MC로 인정받는 것은 물론이고, 해외에서도 행사 관련 문의가 많이 올 것이라고 생각했다. 명실상부한 세계적인 MC로 거듭날 수 있는 기회다. 그런데 무엇이 나를 힘들게 했는지 그때의 계획은 온데간데없고 붙여 놓은 계획표는 언제 사라진지도 모르겠다. 허황된 꿈이었을까? 나의 열정과 노력이 부족했던 것일까?

어느 날, tvN 〈스타특강쇼〉에 개그우먼 조혜련 씨가 출연한 것을 봤다. 그녀의 책 《조혜련의 미래일기》에도 나오지만 그녀가 일본 활동을 위해 6개월 만에 일본어를 정복했다는 사연을 듣고 '간절함이란 이런 것이구나'라며 감탄을 금치 못했다. 뿐만 아니라 최근에는 중국어를 정복하기 위해 도전 중이라고 했다. 친동생이 중국어 강사라서 많은 도움을 받았고 1년 안에 완벽하게 구사하는 게 목표라고 했다. 나는 방송이 끝나고 한참을 멍하니 TV 앞에 있었다. 나도 바쁘다지만 조혜련 씨만큼 바쁠까? 그렇다면 내가 못한 이유는 무엇일까? 스스로가 한없이 초라해졌다. 동시에 뭔가 모를 자신감도 샘솟았다. 방법은 하나다. 이루어 내겠다는 '간절함'이 필요하다.

영어는 만국 공통어다. 어디서는 통한다. 해외여행을 해 본 사람이라면 알 것이다. 그리고 대부분 돌아오는 비행기에서 '다음에 해외 나갈 때는 영어공부 많이 해야지…'라고 생각할 것이다.

중국은 글로벌 넘버원을 꿈꾸는 세계 초강대국이다. 어마어마한 잠재력을 갖고 있는 나라다. 아시아권 대부분은 중국의 영향을 받았다. 학교에서도 제2외국어로 가장 많이 선택된다고 한다.

일본은 우리나라의 역사와 밀접한 영향이 있고 가장 가까운 나라다. 정치적인 문제도 많고 왠지 모를 사존심이 생기는 게 일본이다.

아시아에서 소위 삼룡(三龍)이라고 일컬어지는 대한민국, 중국, 일본의 언어를 정복한다면 엄청난 시너지 효과를 얻을 수 있을 것이다. 영어는 당연한 것일 테고….

얼마 전에 장동완 작가의 《9등급 꼴찌, 1년 만에 통역사 된 비법》을 읽었다. 고교 중퇴라는 학력으로 해외 각국 외교관들에게 인정받는 통역사가 되기까지의 내용을 재미있게 풀어냈다. 이 책에서도 '간절함의 차이'를 언급한다. 누구나 할 수 있고, 하면 된다. 하지만 되고 안 되고의 문제는 마음가짐이다. 작가는 공부와는 거리가 먼 학창시절이었지만 언어를 정복함으로써 상상할 수 없을 만큼의 행복한 삶을 살고 있다고 말한다.

나는 대한민국 최고의 메신저로서 성공을 원하는 사람들에게 에너지를 전달하는 삶을 살고 싶다. 사람들이 올바른 방향으로 나아갈 수 있도록 나의 노하우를 공유하고 싶다. 여기에 영어, 중국어, 일본어까지 자유자재로 구사할 수 있다면 삶의 질이 달라질 것이다. 생각해 보라. 부모님을 모시고 가족들과 함께 해외여행을 간다든지, 모임이나 단체 그리고 회사에서 인센티브 여행을 갔을 때를 상상해 보자. 영어 혹은 중국어, 일본어로 당당히 현지인들과 대화하는 나의 모습에 많은 사람들이 매력을 느낄 것이다.

세상은 넓고 할 일은 많으며 즐길 거리는 더더욱 많다. 많은 사람들이 버킷리스트에 '세계 일주 하기'를 쓴다. 세계 일주를 눈으로만 즐길 것인가, 아니면 마치 모국어처럼 편하게 대화하고 그들의 문화를 이해하며 여행할 것인가? 이 모든 것은 당신의 마음가짐에 달려 있다.

03

프로골퍼 자격 취득하기

나는 야구선수의 꿈을 키우며 학창시절을 보냈다. 비록 그 꿈을 이루지는 못했지만 현재 삼성라이온즈 프로야구단 장내 아나운서로 활동하고 있다. 야구장에서 20년 동안 일하면서 내게 있어 야구는 떼려야 뗄 수 없는 소중한 것이 되었다. 사회인 야구도 4개 팀이나 활동했었는데 요즘은 줄여서 2개 팀에서만 한다.

이런 나였는데 언젠가부터 제일 좋아하는 스포츠로 야구가 아닌 '골프'를 꼽고 있다. 그 계기는 한국여자프로골프(KLPGA)였다. 우연히 채널을 돌리다가 골프 채널에서 중계되던 경기를 보게 되었는데 푹 빠져 한참을 봤다. 엄밀히 말하자면 골프를 본 게 아니고 여자 골프선수들의 미모를 본 것이다. 골프에 재미를 붙이게 된 예상치 못한 사건이었다. 아직도 완벽한 룰은 모르지만 웬만한 것은 알기에 이제는 골프 채널을 보면서 쏠쏠한 재미를 느끼고 있다.

전 세계에서 대한민국 여자 골프는 단연 최고라고 할 수 있다. 세계 랭킹 10위권 내에 한국 선수들이 제일 많다. 흔히 골프라고 하면 '귀족 스포츠', '돈이 있는 사람들이 즐기는 스포츠'라는 인식이 강하다. 나 역시도 그러했고 부정적인 시각이 지배적이었다. 하지만 지금의 내게 골프는 삶의 일부분이라고 할 수 있다. 출근길 엘리베이터 안에서도 거울을 보고 골프 스윙을 연습한다. 무심코 나오는 나의 행동에 의아할 때가 많다. 그만큼 관심이 높다는 것이다.

나는 다행히 체육대학을 졸업해서 다른 사람들보다 빨리 골프를 접할 수 있었다. 처음에는 '야구하는 것처럼 하면 되겠지'라는 가벼운 생각으로 생각했다. 그런데 야구는 왼손으로 할 수 있지만 골프 같은 경우에는 왼손잡이를 위한 환경이 조성되어 있지 않다. 왼손잡이가 골프를 하기에는 우리나라 인프라가 너무 취약하다. 길거리에 즐비한 스크린 골프장만 가도 왼손 타석은 제일 구석에 하나밖에 없다. 그것마저 없는 골프장이 더 많다. 나는 왼손잡이라 오른손으로 골프를 익히는 데 오랜 시간이 걸렸다. 아직도 완벽하게 적응되지 않아 어설프기 짝이 없다.

이런 어려운 환경에도 불구하고 골프의 매력에 푹 빠져 있는 나 때문에 가족들의 원성이 자자하다. 사실 골프를 처음 시작하면 어느 정도의 비용은 각오해야 한다. 모든 스포츠가 그렇지 않은가? 야구를 시작할 때도 자기 글러브로 연습하고 정식 유니폼을 착용해야 소속감도 들고 폼도 나고 잘된다. 골프도 마찬가지다. 골프 연습장에 있는 골프채로 연습을 하면 그만큼 정성을 들이지 않게 되고 내 몸에 맞지 않다. 그래서 골프채를 구입하게 된다.

나는 성격상 차량이든 뭐든 중고보다 새것을 선호하는 편이다. 왠지 중고를 사면 내 인생도 중고 인생이 되는 것 같은 느낌 때문이다.

보통 골프채, 즉 골프 클럽을 풀세트로 구입하면 적어도 150만 원의 비용이 든다. 그리고 필드에 나가려면 골프 복장도 구입해야 되고, 골프화도 신어야 한다. 필드 위의 멋진 패션을 위해서라면 비용이 만만치 않다. 이것은 시작에 불과하다.

필드 라운딩을 나가면 흔히 말하는 그린피, 즉 입장료와 캐디피를 지불해야 한다. 1인당 15만 원 정도는 예상해야 한다. 적지 않은 돈이기 때문에 오랫동안 계속해야 할 스포츠인지 고민하는 날이 올 것이다. 그래도 한번 빠지기 시작하면 헤어 나올 수 없는 매력이 골프가 가지고 있는 특징이다.

세상에서 가장 어려운 스포츠가 바로 골프다. 왜냐하면 수백 미터 거리에 있는 작은 구멍 속에 세 번, 네 번, 다섯 번 만에 공을 넣어야 되는데 이게 쉬운 일인가? 정말 어려운 스포츠다. 삼성의 이건희 회장이 남긴 말도 있지 않은가.

"세상에서 내 맘대로 안 되는 게 세 가지 있는데, 그중에 하나가 바로 골프다."

나는 아직 90타를 치는 수준이다. 초보지만 골프를 즐기는 이유가 몇 가지 있다.

첫 번째, 마음을 다스리는 데 이만한 스포츠가 없다. 흔히 말하기를 '골프는 최고의 멘털 스포츠'라고 한다. 개인이 직접 승부를 해야 하는 만큼 18홀이 끝날 때까지 실수 하나하나에 일희일비하지 않아야 한다. 실수가 나오더라도 흔들리지 않고 꾸준히 끝까지 해야만 승리할 수 있다.

우리의 인생도 마찬가지다. 수많은 시련과 고난이 가로막는다. 이것을 극복하는 자와 아닌 자의 차이는 엄청난 결과로 나타난다. 그래서 골프와 인생이 비슷하다고 말하는 것이다.

두 번째, 신사 스포츠다. 매너가 중요한 경기이기에 상대방을 배려해야 한다. 좋은 플레이가 나왔다고 해서 상대에게 자극을 주는 행동은 옳지 못한 것이다. 그래서 자제력과 참을성을 배울 수 있다.

마지막으로, 평생 스포츠이기 때문에 언제라도 시작할 수 있다. 물론 젊었을 때 하면 유리하지만 나이가 많아도 별 문제가 되지 않는다. 타 스포츠와 비교하면 선수 생명도 제일 길다. 40대혹은 50대까지도 선수로 뛸 수 있다. 멘털 스포츠라고 불리는 이유가 결국 여기에 있다. 남녀노소가 함께 어울려 할 수 있기 때문에 색다른 즐거움도 느낄 수 있다.

이처럼 골프는 매력이 넘치는 스포츠다. 비용이 많이 들지만 계속해서 하게 되는 이유다. 필드에 나가면 자연을 만끽할 수 있어서 힐링도 된다. 끝없이 펼쳐진 잔디를 보면 답답했던 가슴이 뻥 뚫리고 스트레스가 확 풀린다. 다만 라운딩 전만 그렇다. 대부분 게임이 시작되면 자기 뜻대로 안 돼서 엄청 스트레스를 받기도 한다. 양면성을 지니고 있다.

나는 골프 채널을 보면서 내 딸도 골프 선수가 되었으면 하는 생각을 가끔 한다. 골프 선수로 성공하지 못하더라도 골프 레슨 프로가 되어 엄청난 수입을 창출할 수 있기 때문이다. 대한민국에서 골프 선수로서는 여자가 남자보다 유리하다. 여자 골프가 훨씬 인기가 좋기 때문이다.

대한민국 수많은 여자 골프 선수들의 성공에는 '골프 대디'의 역할이 컸다. 아버지의 정성과 물심양면의 지원이 있었기에 세계

1위가 된 것이다. 여자 골프 1세대인 박세리 선수도 아버지의 역할이 지독하리만큼 대단했던 일화는 다들 알 것이다.

나는 지금은 미약한 실력이지만 끝을 보고 싶은 성격 탓에 싱글은 물론이고 언더스코어도 기록하고 싶다는 목표가 있다. 그리고 프로 골퍼 자격증에도 도전해 보고 싶다. 야구선수나 축구선수 같은 구기 종목은 어릴 적부터 하지 않으면 힘들지만 골프는 나이가 조금 있어도 선수에 도전할 수 있기 때문이다.

또한 경제적인 자유와 시간적인 자유를 통해서 가족 모두가 함께 해외여행을 가서 세계의 멋진 골프장에서 가족 동반 라운딩을 하는 모습을 꿈꿔 본다. 생각만 해도 미소가 저절로 나온다. 그러기 위해선 가장인 내가 어느 정도의 실력을 갖추어야 되지 않겠는가.

골프는 매일 연습할 수 있다. 그리고 스크린 골프장이 많아서 큰돈을 들이지 않아도 간접 체험을 통해 만족도 느낄 수 있다. 여유가 있어서 골프를 한다기보다는 먼 훗날, 가족 모두가 함께하는 것을 꿈꾸며 조금씩 발전을 위해 하는 것이다. 그래서 이 역시도 자기계발의 한 분야라고 생각한다.

대한민국 사람으로 산다는 것은 행복인 동시에 불행을 내포하고 있다. 굳이 경제적인 관점에서 바라본다면 빈부의 격차가 좋지 않은 감정을 유발시킬 수도 있다. 하지만 자신의 능력이 되면 무엇이든지 할 수 있고 즐길 수 있고 성공할 수 있는 곳이 바로 우리 나라다. 당신도 골프를 통해 마음의 수련과 인생을 함께 배워 보지 않겠는가?

04

김용일 밴드
데뷔하기

긴 머리, 가죽바지, 체인, 굵직한 반지… 바로 '로커'를 상징하는 모습이다. 이런 스타일의 사람들을 보면 대부분 '아하, 음악 하는 사람들이구나'라고 생각한다.

나는 어릴 때 피아노를 배우지 못한 것이 후회된다. 내가 초등학교에 다닐 당시, 피아노 학원은 필수코스였는데 나는 여학생들이 다니는 곳이라는 편견을 가지고 있었다. 어릴 때 배워 놨으면 손가락도 길어지고 나만의 또 다른 무기가 될 수 있었을 텐데….

반면, 성당을 다니며 기타는 쉽게 접할 수 있었다. 기타를 치면서 노래 부르는 것은 남학생이라면 한 번쯤은 해 봤을 것이다. 성당에서 제대로 배웠어야 하는데 지금은 코드만 잡을 줄 아는

'수박 겉핥기' 정도의 실력이다.

행사를 진행하다 보면 직장인 밴드를 심심찮게 볼 수 있다. 말 그대로 직장 일을 마치고 음악이 마냥 좋아서, 악기 다루는 것이 취미인 사람들이 모여 밴드를 결성한 것이다. 여유 시간을 활용해 연습을 하고 기회가 되면 경연대회에도 참가한다. 나는 그동안 MC로서 밴드 소개만 할 줄 알았지, 나도 밴드 활동을 하고 싶다고 생각한 것은 최근이다.

결혼식에 사회를 보러 갔을 때의 일이다. 신랑은 의사고 신부는 외국인이었다. 미국 유학 시절에 만나 결혼까지 하게 되었단다. 신랑의 아버지와 어머니도 의사였다. 소위 말하는 의사 집안 엄친아였다. 예식은 1부와 2부로 나누어 진행되었다. 1부는 순수 예식으로 흘러갔고, 2부는 신랑과 그의 아버지가 속해 있는 밴드의 리사이틀 공연이었다. 한 시간가량 자신들만의 콘서트를 열었다. 사실 2부에는 사회자가 할 일이 없어서 나는 가도 되는 상황이었다. 하지만 함께 어우러져 즐기는 모습에 매료되어 끝까지 공연을 즐겼다. 그들이 부러운 한편 이런 생각도 들었다.

'나도 성당 친구들과 파트를 정해서 연습해야지. 나중에 가족들과 부모님 모시고 콘서트를 열어서 추억을 함께 나누어야겠다.'

나는 성당 친구들 사이에서 항상 리더로서 모든 것을 주도한다. 다들 성당에서 조금씩 악기를 배웠고 미사 때 연주도 했기 때문에 어느 정도 연습만 하면 우리도 충분히 밴드 활동이 가능할 것이라 생각했다. 밴드를 결성하면 연습을 하면서 친구들을 더 자주 볼 수 있기 때문에 일석이조다. 평생 함께하자는 다짐 속에 친구들과의 우정을 소중히 생각했지만 나이가 들고 가정이 생기다 보니 친구들과 만나기가 여간 힘든 것이 아니다. 다들 밥벌이한다고 바쁘게 살고 있다. 밴드 결성 계기로 다시 한 번 뭉치기를 바랄 뿐이다.

2002년 월드컵 당시, '윤도현 밴드'가 응원가를 불렀다. 그들은 대학 축제 섭외 1순위로 엄청난 인기를 누렸다. 윤도현 밴드하면 김제동 선배와의 일화를 빼놓을 수 없다. 내가 MC와 장내 아나운서로 활동하게 된 것도 김제동 선배를 따라다니면서 배운 덕분이다. 나는 그를 제동이 형이라고 부를 만큼 친밀하게 지낸다.

대구의 영남이공대학교 축제 마지막 날이었다. MC는 대구와 경북지역 최고의 인기를 구가하던 제동이 형이었고 초대가수는 전국적으로 선풍적인 인기를 끌고 있는 윤도현 밴드였다. 나도 당시 속해 있던 댄스팀의 공연이 있어서 참가했다. 노천강당은 공연 시간이 되기 전부터 본교생 외에도 많은 사람들로 가득 차 있었다. 가요제 결선이 시작되면서 분위기가 무르익었다. 모든 순서가 끝이 나고 초대가수만 남겨두고 있었다. 분위기는 그야말로 열광의 도가니였다. 드디어 윤도현 밴드가 소개되고 공연을 시작하려는 순간, 이게 어찌된 일인가? 윤도현 씨의 기타 줄이 끊어졌다.

순간 고요한 정적이 흘렀다. 윤도현 씨조차도 당황한 기색이었다. 이때 제동이 형이 등장해서 현장을 정리했다. 잠시 후 세팅이 끝나는 대로 다시 시작하겠다는 말과 함께 김제동의 토크쇼가 시작됐다. 관객들은 실망감을 안은 채 멍하니 기다리다가 갑작스런 분위기 전환에 서서히 동조되었다. 제동이 형이 윤도현 밴드 멤버들과 인터뷰를 하기 시작한 것이다. 처음에는 멤버들도 지금 상황을 수습하고자 거부하는 뉘앙스를 보였다. 하지만 제동이 형의 화려한 입담에 빠져들기 시작했다. 윤도현 씨도 관객들에게 미안한 터라 기타 줄 교체를 서둘렀다. 그러면서 자기도 모르게 제동이 형의 익살스런 인터뷰를 즐겼다.

위기는 오히려 전화위복이 되었다. 현장의 분위기는 더욱 고조되었고 최고의 공연이 펼쳐졌다. 무대 바로 밑에서 밴드 공연을 본 것은 처음이었다. 댄서였던 나로서는 밴드에 열광하는 사람들을 이해하지 못했지만 눈으로 직접 보고 나니 놀라울 따름이었다. 같이 손을 흔들며 뛰고 있는 내 모습이 신기했다. 공연을 마치고 윤도현 씨가 제동이 형에게 다가와 감사하다며 같이 식사하러 가자고 말했다. 이것이 지금의 김제동이 있게 된 계기다.

누구에게나 기회가 온다. 그것을 알아차리는 사람이 있는 반면, 무심코 지나치는 경우가 대부분이다. 제동이 형은 항상 준비된 사람이었다. 그 기회를 잘 살린 덕분에 최고가 될 수 있었다.

금수저든 흙수저든 하루 24시간은 똑같이 주어진다. 이것을 어떻게 활용하는지가 인생의 승패를 좌우한다. 지금 자신의 위치가 시간 활용의 결과물이다. 내 인생은 언제든지 바뀔 수 있다. 늘 바쁘다는 핑계로 등한시했던 모든 일들을 철저한 계획으로 할 수 있다는 말이다.

나의 인생시계는 현재 40km의 속도로 달리고 있다. 내 나이 마흔이다. 아플 수도 없는 마흔이라고 했던가. 열심히 살아왔지만 놓친 부분들이 더 많다. 결국 마지막에 남는 것은 가족과 친구들이다. 내게 가장 소중한 것은 물질적인 것들이 아니다. 함께 외로움을 나누고 추억할 수 있는 친구들이다. 이들과의 못다 한 추억을 만들기 위해서 다시 시작하고 싶은 것이 있다. 우리가 함께 연주하고 노래 불렀던 그때로 돌아가는 것이다. 바로 '김용일 밴드'다.

앞으로는 술과 담배는 다들 멀리하고 운동하면서 여유를 즐기며 시간 날 때마다 모여 밴드 공연 연습을 했으면 좋겠다. 새삼스레 부끄러워할 친구들도 있겠지만 무언가 함께할 수 있다는 것이 얼마나 큰 행복인지 모른다.

인생은 즐거움의 연속이다. 불행을 생각하면 끝도 없다. 항상 즐거움과 행복함을 상상하고 실제로 느끼면서 살아야 한다. 아침에 눈 뜨고 회사 가고 퇴근해서 술 한 잔 마시는 똑같은 일상은 버려라. 지금의 나이는 잊고 하고 싶어 했던 것들을 하나씩 떠올리며 인생을 즐겨 보자. 생활의 활력소가 되고 하루하루가 기대

되는 삶으로 변할 것이다. 친구들과 함께하는 김용일 밴드는 내게 새로운 제2의 인생을 열어 줄 것이다.

당신의 버킷리스트에는 무엇이 적혀 있는가? 망설이지 말고 무엇이든지 원하는 것을 당장 시작하라. 그렇다면 환영과 축하의 의미로 김용일 밴드가 특별공연을 해 드리겠다.

05

월 1억 원
수입 올리기

　재벌들의 삶은 어떨까? 그들은 전용 비행기를 소유하고, 스포츠 구단도 운영하고 있다. 이 사람들의 인생 목표는 과연 무엇일까? 재벌이라면 갖고 싶은 것은 가격에 상관없이 입맛대로 구입할 수 있을 것이다. 이것이 행복을 대변해 줄 수는 없지만 한 번쯤 이렇게 살아 보고 싶다는 소망은 누구나 가지고 있을 것이다.

　해마다 통계청에서 다양한 조사를 한다. 평균 월수입이 가장 많은 곳, 대졸 초봉 임금이 가장 높은 곳 등 사람의 평가 기준을 연봉 및 월급으로 매겨 버린다. 연봉 1억 원이면 나름대로 인정받는 분위기다. 평범한 직장에 종사하면서 1억 원을 번다는 것은 쉽지 않다. 도대체 어떤 일을 해야 연봉을 1억 원 이상 벌 수 있을까?

수입을 창출하는 방법은 크게 두 가지로 나눌 수 있다. 매달 꼬박꼬박 월급을 받는 직장인, 하루하루 매출로 생활하는 자영업이다. 나는 프리랜서 개인 사업자라 자영업에 속한다. 둘 중에 어느 것이 낫다고 할 수는 없지만 직장인은 고정된 패턴에서 일을 하면서 정해진 날짜에 똑같은 월급이 나온다. 반면 자영업자는 하는 일의 양에 따라서 또는 매출의 많고 적음에 따라서 수입이 달라진다. 그리고 시간을 자유롭게 사용할 수 있다는 장점이 있다.

나는 이제껏 단 한 번도 직장을 다닌 경험이 없다. 1인 기업가라고 할 수 있는 프리랜서로 살아왔다. 그러다 보니 자유분방함에 익숙해져 직장생활을 하는 친구들과 대화를 할 때면 늘 부러움의 대상이다. 실상은 그렇지 않은데 편하게 사는 모습과 자기들 일할 때 여행 다니는 모습에 비교 상대가 되곤 한다.

요즘 청소년들의 장래희망 1위는 연예인이라고 한다. 부와 명예를 동시에 얻을 수 있기 때문이다. 연예기획사에서는 어릴 적부터 끼가 있고 재능이 넘치는 인재들을 발굴하기 위해 전국을 찾아 헤맨다. 연예지망생들도 넘쳐난다. 기획사에 소속되어 몇 년을 준비하고 데뷔한다. 이렇게 많은 청소년 가운데 연예인의 꿈을 이루는 친구는 몇 명쯤 될까? 모두가 성공하면 좋겠지만 그렇지 못하니 문제가 된다.

예전에는 TV에 나와야지만 유명해지고 많은 돈을 번다고 생각했다. 하지만 시대가 바뀌고 모든 것이 빠르게 변하고 있다. 스마트폰 하나로 모든 것을 할 수 있는 세상이다. 다양한 플랫폼을 통해 세상에 자신을 알릴 수 있는 기회가 많다. 이제는 평범한 일반인들도 한순간에 유명해질 수 있는 세상이 온 것이다. 가수, 영화배우, 운동선수 같은 유명인만이 동경의 대상인 줄로만 알던 과거와는 달리, 요즘은 내 옆에 있는 친구도 유명해져서 인정받을 수 있는 시대다.

이제 차별이 아니라 차이를 인정해야 한다. 학교 다닐 때 공부 잘했던 친구는 내가 노는 시간에 열심히 공부했다. 그래서 나보다 좋은 대학에 입학했고 직장도 대기업에 다니고 월급도 훨씬 많이 받는다. 이것을 차별이라고 여기면 안 된다는 것이다. 이들은 분명 시련을 극복하고자 최선을 다한 것이다. 그래서 현재 인정을 받고 있는 것이다. 돈을 버는 액수는 그 사람이 영향을 미치는 만큼 많아진다.

예를 들면, 대한민국 최고의 MC 유재석은 다양한 TV 프로그램에 출연한다. 방송을 통해 전 국민에게 웃음을 주고 바른 이미지로 각인되어 존경의 대상이 된다. 그의 말 한마디에 수많은 사람들이 영향을 받는다. 그렇기 때문에 엄청난 출연료를 받는 것이다.

반면, 나는 야구장 장내 아나운서로 야구장에 모인 사람에게만 전달이 되고 영향을 끼친다. 규모면에서 엄청난 차이가 있는 것이다. 이는 곧 차별이 아니라 차이를 인정해야 한다는 말이다.

2000년대 초 벤처기업 열풍이 불었다. 너도 나도 특별한 기술이 있으면 나라의 지원을 받아서 사업을 시작했다. 이 가운데 살아남은 기업도 있지만 없어진 기업이 훨씬 많다. 최근에는 1인 기업이 대세다. 직원이 많을수록 인건비를 감당하기가 힘들다. 또 어떤 악재라도 생긴다면 몇 달씩 월급도 못 주는 경우가 발생한다. 그래서 폐업하는 회사들이 부지기수다. 1인 기업이 내세인 이유는 벤처 기업과 비슷한 경우인데 자기가 지닌 특별한 능력을 남들에게 전하는 것으로 수익을 창출하기 때문이다. 다시 말하면 메신저로서의 삶을 말하는 것이다. SNS를 잘 아는 사람은 그것을 가르치는 것으로 수입을 얻고, 강의를 잘하는 사람은 트렌드에 맞게 강의하는 기법을 가르치면서 또 다른 수익모델을 만들어 수입을 얻는 것이다. 이처럼 누구나 가지고 있는 재능은 특별하다. 그것을 제대로 살린다면 엄청난 부를 누릴 수 있다.

천재 작가 김태광 씨는 200권 이상의 책을 써서 유명세를 떨쳤다. 전문분야인 책 쓰기 코칭을 통해 수익을 올린 1인 기업의 대표적인 멘토다. 젊은 시절 너무나도 힘들게 살았지만 책 쓰기 하나로 인생을 역전시킨 그야말로 자수성가의 전설이다. 책 쓰기 과정을 개설해 수많은 작가를 배출하고 나아가서는 성공학을 가르치며 사람들의 잠재된 재능을 일깨워 1인 기업가를 양성했다. 이렇게 수많은 사람들에게 영향력을 미치는 메신저로서의 삶을 사니 엄청난 부도 따라 오게 되는 것이다.

나는 30대 이전에 월 1,000만 원의 수익을 달성했다. 응원단장의 수입과 이벤트 MC 그리고 전문 강사로서의 능력을 발휘하며 억대 연봉을 이루었다. 하지만 일찍 샴페인을 터트린 나머지 아직까지도 수입에 큰 변화가 없다. 발전하기는커녕 현상 유지하기에도 급급했다. 그래서 창업도 생각해 보고 이런저런 고민도 했지만 정답은 없었다.

이랬던 내가 김태광 대표 코치를 만나면서 삶의 전환점을 마련하게 된 것이다. 나만의 노하우를 바탕으로 프로그램을 만들고 상품화시키는 것이다. 이것을 홍보하고 수많은 사람들에게 영향력을 발휘한다면 나 역시 메신저로서의 삶을 살 수 있다. MC와 강사 활동을 하면서 직접 행사나 강의를 해야 수입이 생긴다고만 알고 있었던 내게 그와의 만남은 신선함을 넘어 의식의 변화를 일으켰다.

"김용일 작가님처럼 되고자 하는 사람은 세상에 넘쳐납니다. 하지만 그들은 당신을 몰라요, 그런 사람들이 당신을 찾게 된다면 수익은 당연한 부분이겠죠. 지금 당장 시작하세요."

김태광 대표 코치의 말이 뇌리에 깊이 박혀 지워지지 않는다. 한 번뿐인 나의 인생, 경제적 자유를 누리며 하고 싶은 것을 모두 즐기며 살고 싶다. 이번 달부터 월 수입이 1억 원씩 생겨난다면 나의 생활은 어떻게 변할까? 간절히 바라고 노력해야 한다. 남의 이야기가 아니다. 현실 가능한 이야기다. 이미 많은 사람들이 이루어냈다. 이제는 나와 당신의 차례다.

혼자서 세상을 살아가려면 수많은 시행착오를 겪어야 한다. 하지만 뛰어난 메신저를 만나서 인생을 변화시킨다면 원했던 목표를 훨씬 빨리 이루어낼 수 있다. 내가 목표를 이뤘을 때 나의 말 한마디의 파급효과는 상상을 초월할 것이다.

진정한 메신저로서의 삶을 지금부터 시작하자. 부와 명예는 자연적으로 따라온다. 그것보다 살기 좋은 세상을 만드는 데 크게 이바지하는 존경받는 인물이 되도록 달려 보자. 나는 월 1억 원씩 벌어서 어려운 사람을 도우며 참된 메신저로서의 삶을 살 것이다.

버킷리스트 12

초판 1쇄 인쇄 2017년 10월 6일
초판 1쇄 발행 2017년 10월 13일

지 은 이　**김태광 김민아 유세미 윤영숙 류한윤**
　　　　　하주연 김혜경 장성오 허윤숙 김용일
펴 낸 이　**권동희**
펴 낸 곳　**시너지북**
기　　획　**김태광**
책임편집　**김진주**
디 자 인　**이혜원**
마 케 팅　**허동욱**

출판등록　**제312-2012-000040호**
주　　소　**경기도 성남시 분당구 수내동 16-5 오너스타워 407호**
전　　화　**070-4024-7286**
이 메 일　**no1_winningbooks@naver.com**
홈페이지　**www.wbooks.co.kr**

이 도서의 국립중앙도서관 출판도서목록(CIP)은 서지정보유통지원시스템
홈페이지(http://seoji.nl.go.kr)와 국가자료공동목록시스템(http://www.nl.go.
kr/kolisnet)에서 이용하실 수 있습니다.(CIP제어번호: CIP2017025433)